Leitfaden für Studenten

Aktualisierte Ausgabe von
„Das offizielle endgültige Handbuch für Studenten“

Satz: Fotosatz-Service Weihrauch, Würzburg
Druck und Bindearbeiten: Ebner Ulm
1 2 3 4 5 00 99 98 97 96
Auflage Jahr
(jeweils erste und letzte Zahl maßgeblich)

ISBN 3-8231-0825-5

Lei*d*~~t~~faden für
Studenten

Von Günter André
Illustriert
von Klaus Puth

TOMUS

Aus dem Inhalt

DER PROFESSOR

BITTE NICHT FÜTTERN
HOMO STUDENTIKUS
NICHT ÜBERLEHNEN! STUDENTEN SPRINGEN UND BEISSEN!

Vorwort

Schon kurze Zeit, nachdem das Fröhliche Wörterbuch „Studie-ren“ erschienen war, erhielt ich eine Vielzahl von Zuschriften, die die Bitte enthielten, ich möge dem Wörterbuch noch ein vertiefendes Werk mit zusammenhängender Darstellung folgen lassen, eine Art Handbuch, das alle Aspekte eines Studentenlebens in systematischer, übersichtlicher Weise abhandelt. Sozusagen einen Leitfaden durch das Labyrinth der Universitäten und Fachhochschulen.

Nun ist dieses Handbuch also geschrieben, und ich frage mich selbstkritisch, ob es seinen hohen Zielsetzungen wirklich gerecht wird. Die Zukunft wird es zeigen. Der Text ist übrigens gezielt so geschrieben, daß dieser Leitfaden gleichermaßen zu Hause als Nachschlagewerk verwendet als auch in einem Zug gelesen werden kann. Die Lesegewohnheiten sind ja sehr unterschiedlich – und das moderne Buch hat sich ihnen anzupassen. So handelt es sich bei diesem Exemplar um eine besonders mobile Ausführung, die in einem Zug gelesen werden kann, aber ohne weiteres auch im Auto, im Flugzeug oder im Schnellboot. Die beinahe lückenlose Durchnumerierung der Seiten stellt sicher, daß die Orientierung auch bei hohem Fahrtwind stets gewahrt bleibt. Abschließend sei noch darauf hingewiesen, daß sich der „Leitfaden für Studenten“ nicht nur an den Studenten selbst richtet, sondern auch an seine Eltern, Großeltern, Geschwister, Kinder, Neffen, Nichten, Tanten, Onkel und sonstige Verwandten, an seinen Goldhamster, seinen Friseur, Bäcker, Metzger, Banker und Eisverkäufer, an seine Peiniger, die Professoren, an das deutsche Volk im allgemeinen sowie an alle übrigen Personen, die über eine gefüllte Brieftasche verfügen. Für Personen, deren Geiz nicht zum Himmel stinkt, sei noch angemerkt, daß es auch paarweise gekauft werden kann.

ZULASSUNGS-
BESCHEID

Ein Student ist geboren

Der Zulassungsbescheid

Geschafft. Erleichtert lehnst Du Dich zurück und atmest tief durch. Vor Dir auf dem Tisch liegt der Bescheid über die Zulassung zum Studium mitsamt der Einladung zur Immatrikulation. In wenigen Tagen wirst Du, wenn Du willst, Student sein. Doch laß die Sektflasche vorerst im Kühlschrank. Denn dieser große Tag sollte ein Tag der Besinnung sein. Frage Dich ein letztes Mal: Will ich wirklich? Und mach Dir dabei klar: **Ein Studium verlangt gewaltige Opfer.** Nein, selbstverständlich nicht von Dir, der Du Deine Tage fortan überwiegend mit Skatspielen und Kneipenbesuchen verbringen wirst, sondern von Deinen Eltern, die Dich nunmehr – solltest Du kein Bafög erhalten – jahrelang durchfüttern müssen.

Prüfe deshalb so gewissenhaft wie möglich, ob Du wirklich für ein Studium geeignet bist. Schon die Art und Weise, wie Du auf den Bescheid reagierst, ist sehr aussagekräftig:

a) Du läufst hinunter auf die Straße, umarmst jeden Passanten und singst inbrünstig und gut gelaunt Dein Lieblingslied „Wenn bei Capri die Sonne im Meer versinkt".

Laß die Finger vom Studieren. Deine Stärken liegen eindeutig im darstellerischen Bereich. Im Seniorenprogramm des ZDF winkt Dir eine Traumkarriere.

b) Du fährst mit dem Schlitten Deines Vaters zum Schulhof und markierst den weltgewandten Intellektuellen.

Noch schlimmer. Du bist ein Großmaul. Für Leute wie Dich gibt es an der Uni bestenfalls folgenden Platz: Melde Dich beim Küchenchef der Uni und sage, Du seist der neue Suppenlöffel.

c) Du beschließt, eine neue Schmuckkollektion zu kaufen und bringst den Bescheid zur Bank.

Peinlich. Peinlich. Jetzt weiß jeder, daß Du nicht lesen kannst. Der Scheck Deiner neuesten Eroberung, des steinreichen Unternehmers, kommt nämlich erst morgen, mein Täubchen. Gib sofort Deine gefälschten Schulzeugnisse zurück und nimm endlich Abschied vom Traum, gebildet zu sein. Bei Frauen Deines Aussehens zählen sowieso andere Qualitäten.

d) Du kaufst Dir einen Strick und erhängst Dich.

Schwer zu beurteilen.

Einerseits besitzt Du alle Eigenschaften, die ein Student haben muß: rasche Auffassungsgabe, Realitätssinn, Zielstrebigkeit und Tatkraft. Andererseits bist Du jetzt tot. Naja, vergiß es besser.

e) Du machst Dich auf den Weg zu Deiner Stammkneipe, verlierst den Wisch unterwegs, säufst Dir aber trotzdem mit Deinen Kumpeln die Hucke voll und erinnerst Dich anderntags an nichts.

Du bist geradezu prädestiniert für ein Studium. Sollte es Dir eines Tages tatsächlich gelingen, bis zur Immatrikulation vorzudringen, so wirst Du Dich garantiert länger im Amt halten als jeder andere Student.

f) Du läufst sofort in die nächste Buchhandlung und kaufst zwanzig Exemplare dieses Buches.

Genial. Du bist ein Überflieger. Studieren heißt Wissen erwerben, und Wissen erwerben heißt lesen – Du hast es erfaßt, es ist ganz einfach: Je mehr Bücher Du gelesen hast, desto gebildeter bist Du. Zwanzig sind jedoch nur ein Anfang. Kauf deshalb in Zukunft jeden Monat zwanzig weitere Exemplare dieses Buches.

Die Zimmersuche

Solltest Du Dich tatsächlich für studiengeeignet halten und auch den Immatrikulationstermin nicht verschlafen haben, so hast Du nun sogleich eine der schwierigsten Aufgaben, die das Studentenleben überhaupt kennt, zu meistern – **Du mußt Dir ein Zimmer suchen.** Dabei bieten sich verschiedene Vorgehensweisen an: Du kannst beispielsweise die Anzeigen der Zeitungen studieren, Dich bei der Zimmervermittlung der Uni melden, Dich um einen Platz im Studentenwohnheim bewerben (den Du garantiert rechtzeitig zu Deinem 25jährigen Betriebsjubiläum erhalten wirst) oder ganz einfach durch die Straßen gehen und an jeder Haustür klingeln.

Solltest Du allerdings Medizin oder Jura studieren, und sollte Dein Vater zudem noch Arzt, Richter oder wenigstens Friedensnobelpreisträger sein, kannst Du solche Bemühungen Deiner proletarischen Kommilitonen natürlich mit Spott verfolgen. Sofern Du keine Lust hast, Dir eine Wohnung zu kaufen, gibst Du einfach eine Anzeige auf, in der Du um Bewerbungen interessierter Vermieter bittest. Aus den rund 200 eingehenden Angeboten suchst Du Dir die zwanzig besten heraus und bestellst Ihre Absender zum Vorstellungsgespräch an Deinen Heimatort oder – je nachdem, wo Du Dich gerade aufhältst – Deinen Urlaubsort. Die ca. fünf Strauchdiebe, die sich daraufhin erdreisten, ohne maßstabsgetreue Nachbildung der angebotenen Wohnung zu erscheinen, läßt Du von Eurem Hauspersonal selbstverständlich sofort den Hunden vorwerfen, die übrigen fünfzehn verklagst Du auf Schadensersatz, weil sie Deine kostbare Zeit schamlos in Anspruch genommen haben. Denn in der Zwischenzeit hat Dir längst irgendeine standesbewußte Zicke eine Wohnung geschenkt, in der Hoffnung, daß Du als Gegenleistung ihren depperten Sohn bzw. ihre pickelige Tochter heiratest.

Solltest Du hingegen Soziologie studieren, und sollte Dein Vater etwa Puppenspieler, Straßenmusikant oder gar

Greenpeace-Aktivist sein, kannst Du die gängigen Methoden der Zimmersuche ebenfalls vergessen. Glaub mir: Das Beste, was Dir passieren könnte, ist, daß Dich der Vermieter mit Steinen bewirft oder mit einem langen Besen davonjagt. Für Dich gibt es nur zwei Möglichkeiten: Entweder Du suchst Dir eine leerstehende Waldhöhle, oder Du wechselst das Studienfach.

Im übrigen möchte ich darauf hinweisen, lieber Kommilitone, daß Du bei Deiner Zimmersuche nicht nur auf die Miethöhe und den Wohnraum, sondern immer auch auf den Vermieter achten solltest. **Frage Dich stets: Ist das der Mensch, mit dem ich über Jahre hinweg, in guten wie in schlechten Zeiten, mein Portemonnaie teilen möchte?** Erfahrungsgemäß nämlich können ständige Disharmonien mit dem Vermieter einen Studenten binnen weniger Tage seelisch und finanziell zugrunde richten.

Überleg Dir also schon jetzt, zu welchem der gängigen Vermietertypen Du passen könntest. Die wichtigsten sind:

Typ „Frau Berger“:

Frau Berger – eine alleinstehende, ältere Dame – bevorzugt wohlerzogene, ein wenig unbeholfene, männliche Studenten, die Frauenbekanntschaften strikt ablehnen. Wenn sie Zeit hat, ist sie sehr gesellig und erzählt gerne aus ihrer Jugend. Da Frau Berger immer Zeit hat, kann sie als Vermieterin vorbehaltlos nur vollkommen tauben Studenten empfohlen werden. Weiterhin sollten ihre Mieter Bridge spielen können, imstande sein, mehrere Tage am Stück Kaffee zu trinken und Kuchen zu essen, und in ihrer Freizeit am liebsten bunte Tischdecken sticken oder Unterwäsche für den Winter häkeln.

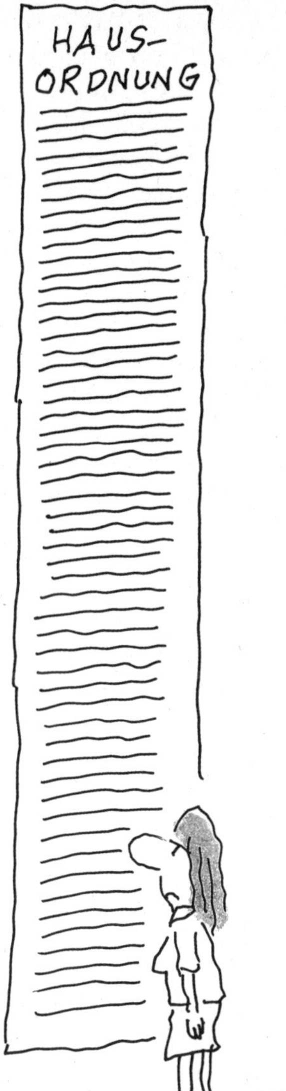

Typ „Frau Dr. von Gahlen":

Frau Dr. von Gahlen (Mädchenname Selma Müller) ist geschieden, liebt Klaviermusik und goldverzierte Gedichtbände und erreicht vor Opernbesuchen mühelos eine Körperhöhe von 2,10 m (ohne Perücke, aber mit Pumps 1,85 m). Ihr besonderes Kennzeichen ist ein hochsensibles Nervensystem, das sie zwingt, jedesmal mit hysterischen Schreikrämpfen zu reagieren, wenn ihr Untermieter Musik hört, raucht, Stühle verrückt oder mit seinen Notizblättern raschelt. In ihrer Freizeit kündigt sie am liebsten Mietverträge oder reitet auf ihrem Besen zum Blocksberg.

Typ „Herr Geier":

Herr Geier entstammt einer degenerierten Seitenlinie des Hauses Dracula, die im Laufe der Jahrhunderte ihre langen Beißzähne verloren hat und deshalb heute statt Blut Geld saugt. Seine Mietverträge umfassen regelmäßig mehrere Bände

und enthalten zahlreiche Klauseln über die Entgeltung von Extras wie die Benutzung von Türklinken oder Wandspiegeln oder den Empfang von Briefen oder Sonnenstrahlen.

Vorbehaltlos kann Herr Geier nur solchen Studenten bzw. Studentinnen empfohlen werden, die ihre Ferienhäuser in Nizza, San Francisco und Venedig vorzugsweise mit Geldscheinen heizen.

Die Woche vor Semesterbeginn

Es ist Sonntagabend, 23.17 Uhr, morgen beginnt das Semester. Du liegst im Bett Deines neuen, Dir noch fremden Zimmers und kannst nicht einschlafen. Selbstzweifel quälen Dich: Muß es denn wirklich ein Studium sein, fragst Du Dich. **Wäre eine Lehre nach dem Abitur nicht doch besser gewesen?** Pausenlos gehen Dir die Bilder der vergangenen Woche durch den Sinn. Nur Ungeschicklichkeiten, Fehlgriffe, Mißerfolge.

Sei unbesorgt! So wie Dir geht es nahezu allen Studienanfängern. Mehr noch: **Den meisten geht es sogar noch schlechter.** Vergleiche selbst – der folgende Auszug aus dem bekannten Tagebuch des Wolfenbütteler Erstsemesters Urs Kegel (München, Humanmedizin) beschreibt die

typischen Mißgeschicke, die einem Studienanfänger in seiner ersten Uni-Woche, der Woche vor Vorlesungsbeginn, für gewöhnlich unterlaufen, sehr prägnant:

Montag

Als ich heute morgen zum ersten Mal die Uni betrat, waren die anderen Studenten schon da. Es herrschte eine tolle Atmosphäre, die in nichts an Arbeit erinnerte. Manche lasen Zeitung oder schliefen schnarchend in ihren Stühlen, andere spielten Doppelkopf oder Schiffe versenken, wieder andere machten mit Blasröhrchen Jagd auf Zimmerfliegen, und eine vierte Gruppe schließlich trug einen Wettbewerb aus, bei dem man einen Stapel Akten in schnellstmöglicher Zeit in eine Kollektion Papierhüte umwandeln mußte. Gut gelaunt trat ich den Heimweg an. Ich glaube, das Studentenleben wird mir gefallen.

Dienstag

Als ich heute morgen beim Hausmeister der Uni nach einem Vorlesungsverzeichnis fragte, traf mich der Schlag. Denn der Mann schaute mich entgeistert an und sagte: „Sie befinden sich hier im Rechts- und Ordnungsamt der Stadt München, mein Herr. Die Universität finden Sie zwei Straßen weiter.“ Ich tat so, als sei ich ein Chinese und hätte kein Wort verstanden. Dann schlenderte ich zum Ausgang und lief von dort aus, so schnell mich meine Beine trugen, in die gegenüberliegende Kneipe. Erst nach Einbruch der Dunkelheit wagte ich mich wieder auf die Straße.

Mittwoch

Heute war ich endlich an der richtigen Uni. Den Tag habe ich damit ver-

bracht, mir alle in Frage kommenden Studienordnungen, Prüfungsordnungen und Vorlesungsverzeichnisse zu besorgen. Zu Hause mußte ich dann leider feststellen, daß sie zahlreiche Begriffe enthalten, die ich nicht verstehe – wie „Vorlesung", „Schein", „Klausur" usw. Zum Glück bin ich auf den Namen unseres Institutsleiters, Prof. Dr. Dr. h.c. Schmalz-Bergele, gestoßen. Gleich morgen gehe ich zu ihm und lasse mir alles erklären.

Donnerstag

Ich habe den Eindruck, Prof. Dr. Dr. h.c. Schmalz-Bergele ist ein rechter Flegel. Als ich sein Büro betrat und sagte, ich sei der neue Student und hätte viele Fragen, fauchte er mich an, es gäbe in München über 6000 Medizinstudenten, und ich solle meinen Holzkopf zur Schau stellen, wo ich wolle, nur nicht in seinem Büro. Er müsse nämlich umgehend nach New York, wo er am Abend

einen wissenschaftlichen Kongreß zu eröffnen habe.
Doch so leicht ließ ich mich nicht abservieren und konterte: „Meine Angelegenheit ist aber sehr wichtig, und wissenschaftliche Kongresse lassen sich bekanntlich ja auch verschieben." Diese Erwiderung war so geistreich, daß sie ihn umwarf. Röchelnd fiel er zu Boden. Ein Krankenwagen mußte ihn abtransportieren.
Ich bin mir nicht sicher, ob ich nicht doch schon wieder einen Fehler begangen habe. Wie auch immer – morgen werde ich erst einmal abschalten und mir die Stadt ansehen. München ist schön und, wie ich glaube, sogar noch ein wenig größer als Wolfenbüttel.

Freitag
München ist sogar viel größer als Wolfenbüttel. Schon nach kurzer Zeit habe ich mich hoffnungslos verlaufen. Als ich nach stundenlangem Umherirren weder aus noch ein wußte, habe ich gegen 23.05 Uhr die Polizei angerufen und ihr vorgespielt, ich sei ein kleiner Junge, der seine Mutter verloren hat. Die Polizisten haben mich zu Hause abgesetzt. Sie waren sehr freundlich und haben mir sogar versprochen, mich bald mit Dr. Greven, einem der wichtigsten Nervenärzte Münchens, bekannt zu machen.
Ach, ich liebe es, wenn die Karriere ins Rollen kommt.

Samstag und Sonntag
Um ganz sicher zu gehen, daß ich mich nicht wieder verirre, habe ich mein Zimmer am Wochenende nicht verlassen. Am Montagmorgen beginnen die Vorlesungen, und da muß ich zur Stelle sein. Nicht einmal die Toilette auf dem Flur habe ich aufgesucht. Als am Sonntagmittag meine Nachbarin klopfte und um Salz bat, habe ich kleine Giftpfeile durch das Schlüsselloch auf sie abgefeuert. Das hat sie vertrieben.

So erging es also Urs, und so ergeht es den meisten. Falls Du nun noch wissen willst, was aus Urs geworden ist: **Urs Kegel ist heute 29 Jahre alt und hat eine absolute Traumkarriere hinter sich:** Ihm gehören zwei Fabriken, er wohnt in einem großen Haus mit vielen Bediensteten, die stets elegantes Weiß tragen, und läßt seit zwei Jahren alle Arbeit von anderen verrichten.
Dr. Greven versicherte mir sogar kürzlich in einem Gespräch, Urs hätte sich schon früher zur Ruhe setzen können. Sein

Onkel Walter Kegel, der die Vormundschaft übernommen hat, sah das nicht anders und meinte, wenn Urs sich nur ein halbes Jahr früher vom Geschäft zurückgezogen hätte, gäbe es die übrigen zwölf Fabriken, die ihm sein Vater vor zweieinhalb Jahren vererbt hat, heute ebenfalls noch.

Der Erstsemester als Betriebstrottel

Wenn Du nun am Montagmorgen die Uni betrittst, wirst Du Dir zunächst einmal verwundert die Augen reiben. Durch jene Gänge, die in der letzten Woche noch beinahe völlig leer waren, wälzt sich jetzt ein gigantischer Studentenstrom. Für Dich heißt das: aufgepaßt. Am besten, Du drückst Dich dicht an die Wand, krallst Dich an den Wohnungsgesuchen fest und schiebst Deinen Körper langsam vorwärts. **Denn wenn der Strom auch nur Deinen Hosenzipfel erfaßt, bist Du verloren. Sein Hauptarm schwemmt Dich binnen Sekunden in die Cafeteria, sein Seitenarm in wenigen Minuten auf die Toilette. Du aber willst zu Deiner ersten Vorlesung.**

Solltest Du Dich fragen, was alle diese Studenten hier zu suchen haben, so gibt es nur eine Antwort: Achtzig Prozent wollen Dich, den Erstsemester, sehen und sich an Deinen Tolpatschigkeiten weiden, die übrigen zwanzig Prozent sind selbst Erstsemester. Ja, tatsächlich, mach es Dir nur bewußt: **Als Erstsemester bist Du eine**

komödiantische Sensation. Eine Stimmungskanone, die höhere Semester durch jede ihrer Bewegungen zum Wiehern bringt. Versuche erst gar nicht, Dich als Zweit- oder gar Drittsemester auszugeben. Jeder Studienanfänger hat nämlich mindestens zwei untrügliche Kennzeichen, die ihn sicher aus der Masse der Studenten herausheben: einen übergroßen Ehrgeiz und eine übergroße Kontaktbereitschaft.

Übergroßer Ehrgeiz

Untersuchungen haben ergeben, daß rund drei Viertel aller Studienanfänger die Uni mit dem festen Vorsatz betreten, sich von nun an für nichts anderes mehr als für ihr Studium zu interessieren. Das übrige Viertel betritt die Uni nie, da es sich bei ihm ausschließlich um Scheinstudenten handelt, die nur eingeschrieben sind, um soziale Vergünstigungen für Studenten in Anspruch nehmen zu können: um verzweifelte Arbeitslose etwa, die ihre Frau jeden Tag mit zwei Essensmarken in die Mensa schicken, um das Mittagessen für die achtköpfige Familie zu besorgen, oder noch verzweifeltere Zahnärzte, die angesichts immer gründlicherer Abrechnungskontrollen der Krankenkassen keinen anderen Ausweg mehr sehen, als ihre Zweityacht über Bafög zu finanzieren.

Der aus diesem Vorsatz resultierende, für einen Studenten völlig untypische Motivationsüberschuß läßt jeden Erstsemester schon während seines ersten

Vorlesungsbesuchs wie einen Paradiesvogel in einer Herde von schläfrigen Feldhühnern wirken. Um hier nur drei Gesichtspunkte zu nennen:

a) Ausrüstung:
Studienanfänger betreten den Hörsaal in der Regel eine knappe Stunde vor Vorlesungsbeginn, weil sie die noch verbleibende Zeit für die Installation ihrer umfangreichen Vorlesungsausrüstung benötigen. Sie umfaßt üblicherweise ein zwölfteiliges Kugelschreiberset, mehrere Kartons mit Schreibblöcken, eine Schreibtischlampe, eine fahrbare Bibliothek, die mehrere Enzyklopädien und zahlreiche Bücher zu Fragen der Rechtschreibung, Zeichensetzung und Formulierungskunst enthält, ein besonderes Aktivierungsgerät, das, am rechten Handgelenk getragen, auf das Ausbleiben von Bewegungsreizen mit leichten Stromstößen reagiert und – als letzte Sicherung – den besten Freund, der

bereit ist, im Falle einer totalen und endgültigen Erschöpfung einzuspringen und die Aufzeichnungsarbeiten fortzusetzen.
Höhere Semester hingegen wissen, daß in der ersten Vorlesung des Semesters sowieso nichts Wichtiges gesagt wird und bringen daher nur das Allerwichtigste in den Hörsaal mit: **die Morgenzeitung, eine Nagelfeile und eine Fliegenpatsche.**

b) Kommunikationsverhalten:
Erfahrene Studenten lieben es, die oft recht trockene Vorlesung ein wenig aufzulockern, indem sie untereinander beispielsweise in aller Kürze wichtige Fachfragen diskutieren oder in aller Ausführlichkeit Mutmaßungen über das Sexualleben des Dozenten anstellen.
Studienanfänger hingegen lehnen nicht nur die vertiefende fachliche Diskussion, sondern überhaupt jegliche Kommunikation während der Vorlesung ab. Schon die vorsichtige Bitte um ein Blatt Papier beantworten sie mit gezielten Nackenschlägen oder fliegenden Regenschirmen.

c) Pausengestaltung:
Die an manchen Universitäten übliche fünfminütige Vorlesungspause verwendet der typische Studienanfänger dazu, den Tintenstand seines Kugelschreibers zu überprüfen, den gerade erst angefangenen Schreibblock vorsichtshalber durch einen neuen zu ersetzen und zudem auf die Aufzeichnungen seines Nachbarn zu spicken, um festzustellen, ob dieser verabscheuungswürdige Karrierist etwa Dinge notiert hat, die ihm selbst entgangen sind.
Völlig anders der erfahrene Student. Er benutzt die Fünfminutenpause dazu, rasch einmal in die Cafeteria zu gehen und nicht wiederzukommen.

Sollten Dich die vorhergehenden Ausführungen nun erschrecken, weil Du Dich richtig charakterisiert fühlst, lieber Studienanfänger, so sei unbesorgt. **Erfahrungsgemäß hat sich Dein übergroßer Vorrat an Motivation schon nach wenigen Wochen Unialltag vollständig aufgebraucht.** Wenn Du aber ganz zuverlässig klären willst, ob Dein Studentenkörper den Motivationsbazillus besiegt hat, so empfehle ich Dir den bekannten **Motivations-Selbsttest nach Ritter/Sport.**

Die zuverlässigste Klärung des aktuellen Motivationsgrades bietet der bekannte Motivations-Selbsttest nach Ritter/Sport.

Dieser von den Münchner Psychologen Ritter und Sport in langjährigen Feldexperimenten sorgfältig entwickelte Assoziationstest ermöglicht Dir eine präzise Selbstbestimmung Deines aktuellen Motivationsgrades auf fundierter wissenschaftlicher Grundlage. **Um ihn durchführen zu können, brauchst Du eine Original-Ritter-Sport-Fotomappe, die Du in jeder Apotheke zum Preis von 52,34 DM erhältst, eine**

„Nachdem Du die Bilder gesehen hast, läßt Du Dir die Telefonnummer der hilfsbereiten Kommilitonin geben und verabschiedest Dich mit einem feurigen Kuß ...!"

Vertrauensperson und eine Dir bislang allenfalls vom Sehen her bekannte Person des anderen Geschlechts. Wenn Du also beispielsweise männlich bist (um alle Unklarheiten zu beseitigen: männlich bist Du, wenn Du eine Flasche Bier erotischer findest als eine Flasche wie Richard Chamberlain), läuft der Test wie folgt ab:
Du stellst Dich mit einem Deiner Skatbrüder an den Uni-Eingang, sprichst eine Kommilitonin an und ziehst Dich mit beiden in einen ruhigen Winkel zurück. Dort händigt Dein Freund der Kommilitonin die Fotomappe aus, deren Inhalt Dir noch unbekannt ist, und bittet sie, Dir nacheinander die in ihr enthaltenen Fotos zu präsentieren. Daraufhin wird sie Dir in rascher Folge vier Bilder zeigen. Bei der Ritter-Sport-Fotomappe Typ A (Du mußt Dir nun natürlich Typ B kaufen, damit der Überraschungseffekt gewahrt bleibt) handelt es sich dabei im einzelnen um das Foto eines in der Sonne dösenden Studenten, eines Wadenstrumpfes, einer Mistgabel und einer schattigen Almwiese. Nachdem Du die Bilder gesehen hast, läßt Du Dir zwecks eventueller Rückfragen die Telefonnummer der hilfsbereiten Kommilitonin geben und verabschiedest Dich von ihr mit einem feurigen Kuß (wenn Du aussiehst wie Clark Gable aus Hollywood) oder mit einem kessen Schuhplattler (wenn Du aussiehst wie Ferdl Huber aus Hintervorderoberbach, Niederbayern).

Und jetzt aufgepaßt! Nun kommt der entscheidende Augenblick: Dein Begleiter bittet Dich, ohne Zögern wiederzugeben, was Du eben gesehen hast. Lautet Deine Antwort:

„Einen Studenten, der faul ist wie ein Strumpf und deshalb mit der Mistgabel über die Wiese gejagt werden sollte“, so stammst Du entweder aus einer alten Bauernfamilie, oder Du bist tatsächlich noch immer infiziert. Im zweiten Fall empfehle ich Dir umgehend einen längeren Aufenthalt in der Vereinskneipe der Ortsgruppe des Weltbundes der Senior-Studenten (vgl. das Kapitel „ewiger Student“).

„Eine flotte Maus und ein paar Bilder“, so bist Du nachweislich geheilt, da Deine Wahrnehmung sich in nichts von der eines gesunden Studenten unterscheidet.

„Eine ältere, italienisch sprechende Muttergestalt und ein paar Bilder“, so bist Du zwar geheilt, aber auch ein selten großer Trottel. Denn Du hast nicht etwa eine Kommilitonin angequatscht, sondern die Putzfrau. Damit hast Du nicht nur die einmalige Chance vertan, in Kontakt mit einer Dir bislang fremden Studentin zu kommen, was natürlich der tiefere Sinn dieses idiotischen Tests ist, Du Torfnase (Ritter/Sport waren zwei verklemmte Junggesellen, die sich jahrelang vergeblich bemüht hatten, sich einer Studentin bis auf Sichtweite zu nähern)!

Vielmehr hast Du damit womöglich auch noch einen heißblütigen Mafioso im Taschenformat herausgefordert, der die Ehre seiner Gattin mit einigen Pistolenschüssen wiederherstellen will. Zerreiß also den Zettel mit der Telefonnummer und informiere Dich schleunigst über die Möglichkeiten eines Auslandsstudiums.

Übergroße Kontaktbereitschaft

Ihr gewaltiger Ehrgeiz hindert Studienanfänger freilich nicht daran, außerhalb der Vorlesungen und Seminare einen maßlosen Kontakteifer zu entfalten, dem die Befürchtung zugrunde liegt, **ein zu zögerliches Auftreten könne sie innerhalb der riesigen Studentenschar isolieren, und eine solche Isolation bedeute Schlimmes, mindestens aber den sofortigen Tod.** Aufgrund dieser Wahnidee reagieren sie bereits auf beiläufigste Aufmerksamkeitsbezeugungen ihrer Umwelt mit einer geballten Präsentation ihrer kommunikativen Fähigkeiten – fest entschlossen, jede sich bietende Chance zur Annäherung an andere Studenten zu nutzen.

Ich selbst bin einmal monatelang von einem Informatik-Erstsemester verfolgt worden, den ich in einem leichtsinnigen Moment nach der Uhrzeit gefragt hatte. Jedesmal wenn er mich sah, gab er

eiligst einstudierte Studentenwitze zum besten, deren Bart länger war als eine Mensaschlange an Pommes-Frites-Tagen, oder er lud mich eindringlich ein, ihn an einem der nächsten Wochenenden an seinem Heimatort an der holländischen Grenze zu besuchen. Erst als ich dazu überging, einen Psychologiestudenten mit Studienschwerpunkt freudianische Sexualpathologie vorzutäuschen, ließ er von mir ab. Sicherlich hielt er das für ansteckend. Vergleichbare Initiativen in umgekehrter Richtung gibt es fast nie. Allerdings will ich nicht verschweigen, daß ich selbst einmal monatelang eine Biologie-Erstsemesterin ... doch das gehört nicht hierher.

Außer durch die Hartnäckigkeit, mit der sie betrieben werden, zeichnen sich die Kontaktbemühungen der Studienanfänger durch etwas aus, das die Gelehrtensprache mit dem Wort „Stereotypität“ bezeichnet. Tatsächlich beginnen Studienanfänger Gespräche grundsätzlich mit einer Folge von drei Fragen:

1. „Was studierst Du?"
2. „Wo kommst Du her?"
3. „Wie heißt Du?"

Genau genommen richten sie diese Fragen an jeden, der sich ihnen bis auf Sprechweite nähert, und das mit geradezu rührender Unermüdlichkeit. So hat mir ein kurzsichtiger Kommilitone neulich gestanden, er habe seinen dritten Unitag komplett damit verbracht, einem verstockten Gesprächspartner immer und immer wieder diese drei Fragen zu stellen. Seine Panik zu scheitern und sich damit als kommunikationsunfähig zu erweisen, habe ihm eine unerschöpfliche Ausdauer gegeben. Erst nachdem ihm der Nachtwächter mehrfach versichert habe, daß Kleiderständer aus Prinzip nicht antworten würden, konnte er beruhigt den Heimweg antreten.

Dieses Mißgeschick zählt zweifellos noch zu den harmlosesten. **Sehr viel gefährlicher als jene Fälle, in denen sich übereifrige Erstsemester mit Kleiderständern, Topfpflanzen oder Abflußrohren unterhalten, sind jene Situationen, in denen sie ihre drei Schlüsselfragen den völlig falschen Personen stellen.**

Neulich in der Mensa war ich Zeuge, wie eine frischgebackene Erstsemesterin durch einen derartigen Fehlgriff beinahe ihr Leben verspielt hätte. Sichtlich frustriert über ihr einsames Dasein, schob sie sich, von niemandem beachtet, gesenkten Kopfes in der wie immer endlosen Warteschlange voran. Als sie endlich die Essensausgabe erreichte und die Mensafrau sie eines kurzen Blickes würdigte und ihr ein Tablett in die Hand drückte, blühte sie, überwältigt von soviel Zuneigung, in Sekundenschnelle auf wie eine Magnolienblüte. In hastigen Worten begann sie, der Küchenfrau ihr Leben zu skizzieren, und fragte schließlich: **„Was studierst Du? Wo kommst Du her? Wie heißt Du?“**
Die dicht hinter ihr postierten Studenten nahmen den Essensstau noch relativ gelassen hin. Eine Gruppe hungriger Bafög-Beamter, die ebenfalls anstand, verlor jedoch binnen Sekunden alle Selbstbeherrschung. Ihre Augen begannen, in starrer Gier das Tablett in der Hand der Erstsemesterin zu fixieren. Einen Moment später hatten sich bereits erste weiße Schaumflocken vor ihren Mündern gebildet.

Schließlich fingen sie an, kehlige Laute auszustoßen, die allmählich in ein bedrohliches Knurren übergingen. Gerade als sie zum tödlichen Sprung ansetzen wollten – ohne

Zweifel hätten sie die Studentin mit wenigen Bissen in Stücke gerissen –, gelang es dem wachsamen Küchenchef, die Situation zu entschärfen: Gedankenschnell warf er den blutrünstigen Beamten einige Brocken rohes Fleisch vor. Während sie sich fauchend darüberwarfen, schaffte er gemeinsam mit zwei Mensaköchen die vor Angst gelähmte Erstsemesterin aus der Gefahrenzone.

Der Erstsemester und das physische Überleben

Die größten Gefahren für Leib und Seele erwachsen den meisten Erstsemestern jedoch nicht aus ihrem Kontakteifer, sondern aus der Tatsache, daß sie nun zum womöglich ersten Mal alleine wohnen. Gerade jene Studienanfänger, deren Beteiligung an der Haushaltsführung sich bis dahin auf die regelmäßige Säuberung des Kühlschranks von Lebensmitteln und die tägliche Entstaubung des Fernseheinschaltknopfs durch Gebrauch beschränkt hat, sämtliche männlichen Studienanfänger also, sehen sich nun mit einem Mal in einem grausamen Existenzkampf gefangen. **So ist es längst kein Geheimnis mehr, daß alljährlich viele Tausende Erstsemester nur knapp dem Hungertod entgehen, weil es ihnen nicht gelingt, die Öffnungszeiten der**

Supermärkte einzuhalten. Immer wieder stellen sie erst am Abend fest, daß sie ganz dringend noch Brot, Milch, Toilettenpapier oder eine Packung Kondome benötigen. Einige werden dann in ihrer Verzweiflung zum Einbrecher wider Willen und sind, ehe sie sich versehen, unlösbar in den Teufelskreis Straftat – Ausgrenzung – Straftat verstrickt.

Als warnendes Beispiel mag die Geschichte des gescheiterten Fachhochschulstudenten Arno Lang-Finger gelten, der schon nach wenigen Monaten wegen mehrerer kleinerer Diebstähle zwangsexmatrikuliert wurde und sein Studium der öffentlichen Verwaltung an den Nagel hängen mußte. Aus Verbitterung über die erlittene Schmach wurde er zu einem der bekanntesten Einbrecherkönige Europas. Heute lebt er in einer seiner vielen Villen unter der tropischen Sonne Südamerikas und quält sich mit dem Gedanken an seine vertanen Perspektiven.

Erst kürzlich sah ich ihn in einem Fernsehinterview kraftlos auf der Sonnenterrasse eines seiner Landsitze liegen und hörte, wie er mit tränenerstickter Stimme sagte:

„Mit 36 bin ich doch praktisch am Ende. Kein Personalchef würde mich noch nehmen. Meine Studienkollegen von einst haben hingegen inzwischen eine blitzsaubere Karriere vorgelegt. Was ist denn aus ihnen geworden, während ich hier, zum Nichtstun verdammt, meine Häuser und Autos zähle?" zischte er und fuhr sich zornig mit der geballten Faust über den Mund.

„Ich will's Ihnen sagen!" Seine Stimme überschlug sich fast vor Verbitterung. „Heute sind sie Finanzbeamte oder mindestens doch Sachbearbeiter im Grünflächenamt oder in der Schlachthausverwaltung ...!"

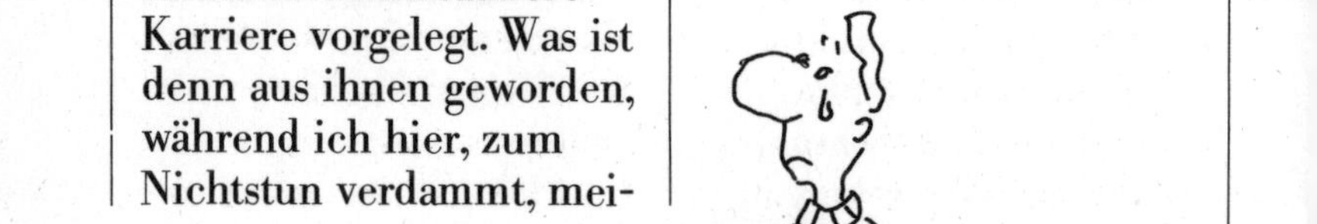

Dann wandte er sich, erschüttert über sein schlimmes Schicksal, mit Tränen in den Augen ab. Es war ein mitleiderregendes Bild, das jedem Erstsemester warnend vor Augen stehen sollte: **Ein Mann von 36, körperlich völlig gesund und hochmotiviert, für den die Tür zur ersehnten Beamtenkarriere wegen einiger Jugendsünden für alle Zeit verschlossen bleiben wird.** Noch nie habe ich einen Mann freudloser in die Fluten seines riesigen Swimmingpools springen sehen als an diesem Tag. Nicht einmal seine blonden Begleiterinnen, die ihn im Wasser erwarteten, konnten Arno Lang-Finger noch aufmuntern.

Aber auch jene Studenten, die über so viel Organisationstalent verfügen, daß es ihnen gelingt, ihre notwendigen Einkäufe rechtzeitig vor Ladenschluß zu tätigen, sind nicht automatisch schon gegenüber allen Ernährungssorgen gefeit. Sichtbar wird dies meist am ersten Wochenende, das sie an ihrem neuen Wohnort verbringen. Denn es entwickelt sich regelmäßig zu einem Problemstück in vier Akten:

1. Akt (Samstagvormittag)
Der Student betritt gut gelaunt den Supermarkt. Da er das Kochbuch, das ihm seine besorgte Mutter bei der Abreise mitgegeben hat, noch nicht studiert hat, nimmt er sicherheitshalber einmal von allem etwas mit.

2. Akt (Samstagmittag, 11.37 Uhr)
Der Student vertieft sich in das Kochbuch und einige beigefügte Backrezepte. Er ist sich darüber im klaren, daß er sich als Kochneuling zunächst einmal auf einfachere Gerichte beschränken muß. Deshalb entscheidet er

sich für eine Sauerkirsch-Kaltschale als Vorspeise, einen Fasan in Weintraubensoße als Hauptspeise sowie zwei Stück frische Schwarzwälderkirschtorte als Nachtisch.

Bei der Durchsicht seines Einkaufs vom Vormittag (eine Packung Zucker, mehrere Dosen Katzenfutter, ein WC-Reiniger, eine Flasche Milch, eine Dose Schnupftabak, mehrere Schokoladeneier, eine Packung Grießmehl, drei Damenstrumpfhosen, zwei Arztromane und ein Arbeitskittel des Filialleiters) stellt er jedoch fest, daß er von den erforderlichen dreizehn Zutaten nur eine – nämlich 100 g Zucker – im Haus hat.

Schweren Herzens ändert er daraufhin seinen ursprünglichen Speiseplan geringfügig ab: Er verzichtet auf die Haupt- und Vorspeise und ersetzt die Sauerkirsch-Kaltschale durch eine kunstvoll zubereitete Grießmehlsuppe.

3. Akt (12.01 Uhr)

Der Student füllt die beiden Packungen Zucker und Grießmehl in einen Topf heiße Milch und wartet ab. Als der Topf überzuquillen beginnt, nimmt er ihn von der Kochplatte und sperrt ihn sicherheitshalber für einige Minuten in den Kühlschrank. Beim Herausnehmen stellt er fest, daß die Suppe zu einem weißen Felsblock erkaltet ist, von dem jeder Kochlöffel abprallt und der selbst Messerstichen trotzt.

Nach längerem Besinnen beschließt er, das Beste aus der Situation zu machen. Er meißelt also die Suppe mit einigen geschickten Schlägen aus dem Topf. Dann sägt er sie sorgfältig in vier gleich große Scheiben, die er den Kindern seines Vermieters als Frisbee-Scheiben überläßt. Erste Wurfversuche vor dem Haus ergeben, daß ihre Flugkurve sogar zuverlässiger ist als die gewöhnlicher Fabrikate.

4. Akt (13.04 Uhr)
Wieder zurückgekehrt in sein Zimmer, macht sich der Student klar, daß er ja eigentlich auch nicht Koch, sondern Diplom-Volkswirt werden wollte. Zur Belohnung für sein hohes Berufsziel bestellt er sich eine Riesenpizza mit Meeresfrüchten beim Pizza-Expreß.

Ein zweites großes Überlebensproblem männlicher Studienanfänger erwächst aus ihrer völligen Unerfahrenheit in allen Fragen der Zimmerreinhaltung.
So bin ich selbst beispielsweise jahrelang immer wieder von meinen Freunden wegen des flauschigen Teppichbodens in meinem Zimmer beglückwünscht worden. Eines Tages aber erhielt ich überraschenden Besuch von einer neuen Nachbarin, die sich als Studienkollegin

entpuppte, mit der ich kurze Zeit zuvor ein paar flüchtige Worte gewechselt hatte. Gleich beim ersten Blick auf meinen Boden stieß sie einen entsetzten Schrei aus und rief, das mit der zentimeterdicken Staubschicht dürfe ich mir unter keinen Umständen gefallen lassen. Ich soll meinen gerade ausgezogenen Vormieter nur ja zur Rechenschaft ziehen. Nur ein Halbtier könne in einem derartigen Zimmer leben. Wir Rußlanddeutsche seien schließlich nicht die Müllkinder der Nation. Sie warf da zwar verschiedenes durcheinander, aber im Prinzip hatte sie völlig recht. Sofort versicherte ich ihr, ich würde meinen Vormieter, das Halbtier, gleich morgen zur Rede stellen und nicht eher ruhen, bis die feige Kanaille mit ihrer verlogenen Zunge auch das letzte Staubkorn in meinem Zimmer aufgesogen hätte.

Dieser traurige Fall ist kein Einzelfall. **Messungen haben ergeben, daß die durchschnittliche Staubkonzentration in Studentenzimmern die durchschnittliche Staubkonzentration in Bergwerken um ein Mehrfaches übertrifft.** Tritt zum hohen Staubgehalt im Zimmer dann auch noch, wie sehr oft, eine fast anarchistische Unordnung hinzu, so wird studentisches Wohnen vollends zum Leben unter Extrembedingungen. Nicht von ungefähr geht das Gerücht, daß ein bekannter Bundeswehrgeneral seinen Spezialeinheiten kürzlich empfohlen hat, an Regentagen statt in unwegsamem Gebirgsgelände in Studentenzimmern zu trainieren. Wie es heißt, ist diese Initiative erst in letzter Minute am Einspruch des Verteidigungsministers gescheitert, der ernsthaft um die Gesundheit seiner Rekruten fürchtete.

Angesichts solcher Lebensumstände muß es als Skandal bezeichnet werden, daß sich das Bildungsministerium noch immer sträubt, jedem Studenten eine Haushälterin oder zumindest, wie in vergleichbaren Berufen (Stuntman, Bombenentschärfer usw.) üblich, einen Gefahrenzuschlag zu gewähren.

SEINE VORLESUNGEN ÜBER ÄGYPTEN FIND ICH TROTZDEM LANG-WEILIG!
PUTH.

Die wichtigsten Vorlesungstypen

Die weithin bekannteste Unterrichtsform an Universitäten und Fachhochschulen, gewissermaßen das Herzstück des Hochschulbetriebs schlechthin, ist die Vorlesung. Allerdings – Eingeweihte wissen das – macht es wenig Sinn, von *der* Vorlesung im allgemeinen zu sprechen, es gibt sie genausowenig wie *den* Mann, *die* Frau oder *den* Schweizer Käse. Vielmehr gibt es mehrere Typen von Vorlesungen: Die wichtigsten sind die gewöhnliche Vorlesung, die allgemeinbildende Vorlesung, die Gastvorlesung, die Vorlesung mit Abschlußklausur und die Frühvorlesung.

Die gewöhnliche Vorlesung

Die gewöhnliche Vorlesung sieht keine Abschlußklausur vor **und erleidet daher wie alle Vorlesungen dieses Typs im Laufe des Semesters einen kontinuierlichen Teilnehmerschwund, der allerdings selten die 50-Prozent-Marke überschreitet.** Das genaue Ausmaß des Hörerrückgangs ist von Fall zu Fall sehr verschieden und hängt nicht zuletzt von der fachlichen Qualifikation und der persönlichen Ausstrahlung des Referenten ab.

So erinnere ich mich an eine junge Dozentin mit einer auffallenden Abneigung gegen Büstenhalter, die die Studenten allein durch ihr überlegenes Fachwissen so faszinierte, daß die Hörerzahlen in Sommersemestern nicht etwa – wie sonst üblich – mit dem Grad der Außentemperatur sanken, sondern stiegen.

Ähnliche Erfolge feierte ein älterer Literaturprofessor, der sich des didaktischen Kunstgriffs bediente, die jeweils gerade besprochenen Romanfiguren auch äußerlich lebendig werden zu lassen. So debattierte er sein Lieblingsthema, *„Die Stellung der Gouvernante im Werk von Charles Dickens“*, beispielsweise regelmäßig im hochgeschlossenen Hauskleid mit weißer Spitzenhaube. Und als Melvilles *„Moby Dick“* auf der Tagesordnung stand, ließ er das Rednerpult durch eine mit Wasser gefüllte Badewanne ersetzen, in die er regelmäßig hineinsprang, wenn von dem Wal selbst die Rede war.

Die allgemeinbildende Vorlesung

Die allgemeinbildende Vorlesung unterscheidet sich von der gewöhnlichen Vorlesung dadurch, daß sie sich nicht oder wenigstens nicht nur an die Studenten einer bestimmten Fachrichtung wendet, sondern an alle Universitätsangehörigen, die ihren Bildungshorizont erweitern wollen. **Vorlesungen dieser Art sind meist zwar überdurchschnittlich interessant, weshalb sie zu Semesterbeginn stets enormen Anklang finden, leiden aber darunter, daß ihre Teilnehmer davon ausgehen können, daß das in ihnen vermittelte Wissen in keiner Klausur oder Prüfung jemals abgefragt wird.**
Dieses Faktum beschert den allgemeinbildenden Vorlesungen im Verbund mit der im Laufe eines Semesters wachsenden Arbeitslast der Studenten Hörerschwundquoten, die nicht einmal von den langweiligsten unter den gewöhnlichen Vorlesungen erzielt werden. Sie sollten deshalb ausschließlich Dozenten vorbehalten bleiben, deren Berufsethos sich darauf beschränkt, keine gefälschten Geldscheine für ihre Arbeit in Empfang zu nehmen. Denn für Dozenten, denen die Vermittlung von Wissen an eine interessierte und aufnahmebereite Studentengeneration ein Herzensanliegen ist, sind sie beinahe tödlich:

So erinnere ich mich noch gut an die erste Veranstaltung dieser Art, die ich besucht habe – sie trug den Titel *„Mensch und Maus in der Gedankenwelt Immanuel Kants“* und wurde von Dr. Benzoni, einem jungen, talen-

> **„Überall saßen, standen und lagen Studenten. Sogar von der Decke oder von den Wänden hingen sie herab, befestigt an dicken Schiffsseilen oder festgekrallt in größeren Mauerfurchen."**

tierten Privatdozenten geboten. Als ich den Hörsaal in der ersten Semesterwoche betrat, waren von den 318 vorhandenen Plätzen mindestens 500 besetzt. Es war eine gespenstische Szenerie. Überall saßen, standen oder lagen Studenten. Sogar von der Decke oder von den Wänden hingen sie herab, befestigt an dicken Schiffsseilen oder festgekrallt in größeren Mauerfurchen. Ich selbst hatte Glück und fand auf dem linken Schulterblatt eines befreundeten Bodybuilders noch ein freies Plätzchen.
Ich bereute mein Kommen nicht. Dr. Benzoni, sichtlich beflügelt von dem großen Interesse an seinen Ausführungen, erwies sich als bemerkenswerter Redner, der das Publikum mit einer unbestechlichen Gedankenführung und zahlreichen Anekdoten in seinen Bann schlug. Ich war begeistert und schwor mir, keinen Vorlesungstermin zu versäumen.

Dann erging es mir jedoch wie den meisten: In den nächsten Tagen übernahm ich verschiedene Referatthemen und erkannte, daß es nur einen Weg gab, die im laufenden Semester angestrebte Scheinezahl tatsächlich zu erreichen: **Ich mußte mich ganz auf das Wesentliche konzentrieren.** So kam es, daß es bis zum Semesterende dauerte, bis ich der Vorlesung noch einmal einen Besuch abstattete, wobei auch dieser Besuch nur zustande kam, weil ich einen Kommilitonen unter den Hörern vermutete, den ich um verschiedene Klausurunterlagen bitten wollte.

Die Szenerie war abermals gespenstisch: **Der Hörsaal glich nun einem riesigen, von allen Geistern verlasse-**

nen Stühlefriedhof. Von den 318 Plätzen waren ganze 7 besetzt, und zwar – wie ich beim Nähertreten erkannte – von einer Gruppe vespernder Handwerker, die gerade ihre Stullen und ihre Bild-Zeitungen auspackten. Dr. Benzoni, den ich als eine großgewachsene schwarzhaarige Erscheinung mit kraftvoller Stimme in Erinnerung hatte, war nicht wiederzuerkennen. Er trug sein Haar jetzt ergraut, hatte eingefallene Wangen, ein unrasiertes Kinn, große dunkle Ringe unter den Augen und schwankte bei jedem Satz von einer Pultseite zur anderen. Von seiner Redegabe war nichts mehr zu bemerken, seine Stimme war heiser und seine Darbietung wirr. Als ich eintrat, stimmte er gerade das Lied von seiner Schwiegermutter an, der er die Perücke anzünden wolle, wobei ihm eine halbleere Schnapsflasche als Taktstock diente.
Kein Zweifel! Dr. Benzoni, der aufstrebende junge Privatdozent, war nur mehr ein Wrack. Der stetige Rückgang seiner Hörerzahlen, zu dem er selbst am wenigsten beigetragen hatte, hatte ihn physisch und geistig vernichtet.

Die Gastvorlesung

Die Gastvorlesung trägt ihren Namen deshalb, weil sie nicht von einem Mitglied oder Lehrbeauftragten der Universität, sondern von einem Außenstehenden, beispielsweise dem Professor einer anderen Hochschule, gehalten wird. **Ihr tieferer wissenschaftlicher Sinn liegt darin, daß sie es dem Referenten ermöglicht, seine Freunde und Bekannten auf Kosten des Staates zu besuchen.** So steigt und fällt die Zahl der Gastvorträge, die ein Professor im Jahresverlauf hält, allen Erfahrungen zufolge mit der Zahl seiner Verwandten und Bekannten in Universitätsstädten. Hinter der Einrichtung der Gastvorlesung steht der Gedanke, daß Professoren, die ein glückliches und harmonisches Privatleben haben, zu wesentlich höheren wissenschaftlichen Leistungen imstande sind als Professoren, die durch ihren Geiz immer mehr in die soziale Isolation getrieben werden.

Aber auch Studenten profitieren von ihr, zumal dann, wenn die Gastvorlesung, wie oft, sehr kurzfristig an die Stelle einer gewöhnlichen Vorlesung tritt, weil sich der Gastprofessor und der einladende Dozent erst in letzter Minute über den Termin ihres nächsten Kegelabends einigen konnten. **Denn gerade kurzfristig anberaumte Gastvorträge stehen meist in keinem Zusammenhang mit dem Vorlesungsstoff und bescheren dem Studenten daher unvergeßliche**

Erlebnisse jenseits des engen fachlichen Horizonts.

So ist es mir beispielsweise einmal gelungen, während eines Gastvortags, dessen Thema und Referent mir entfallen sind, sämtliche Falten meiner beiden Innenhände zu zählen, die ermittelte Zahl in sieben Primzahlen zu zerlegen und aus deren Wurzeln eine Gleichung mit dem Ergebnis neun zu bilden.
Während eines anderen Vortrags ist mir Gregor Mendel erschienen. Er flehte mich an, ihm beim Sortieren einer knappen Million verschiedenfarbiger Erbsen zu helfen. Er wolle noch in die Abendmesse und sie noch nicht gebadet – ohne fremde Hilfe könne er es nicht mehr schaffen. Ich erwiderte, ich sei gerade in einer wichtigen Gastvorlesung. Wenn er weiterhin an meiner Mitarbeit interessiert sei, solle er sich bitte in zwei Stunden noch einmal melden. Als er das hörte, winkte er nur verbittert ab, drehte sich um und rief mit gequälter Stimme über die Schulter, dann sei ich ja zweifellos wieder aufgewacht und für Tote wie ihn bestimmt nicht mehr zu sprechen.

Die Vorlesung mit Abschlußklausur

Die Vorlesung mit Abschlußklausur unterscheidet sich von allen anderen Vorlesungstypen darin, daß sie ein wichtiges physikalisches Naturgesetz außer Kraft setzt. Dieses Gesetz lautet:
Die Anziehungskraft von Hörsälen auf Studenten verhält sich umgekehrt proportional zur Semesterdauer.
Zwar verliert auch sie in den ersten Wochen für gewöhnlich Teilnehmer. Nach dieser Zeit bleibt die Hörerzahl jedoch über viele Wochen konstant, um schließlich kurz vor Semesterende noch einmal deutlich anzusteigen.

Der Kundige erkennt Vorlesungen mit Abschlußklausur meist bereits an der ungewohnten Körperhaltung der Studenten, die derjenigen von Leserbriefschreibern ähnelt: weit über den Tisch geneigter Oberkörper, verkniffenes Gesicht, unermüdlich arbeitender Schreibarm. Denn in Vorlesungen ohne Abschlußklausur dominieren völlig andere Haltungen: die sog. Postinspektorenhaltung: zurückgelehnter Oberkörper, verschränkte Arme, in die Ferne blickende Augen, oder die Postoberinspektorenhaltung: waagerecht über den Tisch geklappter Oberkörper, herabhängende Arme, geschlossene Augen.

Allerdings kommt es immer wieder vor, daß sich selbst erfahrene Betrachter von kreuzworträtsellösenden Studenten, die sich in Haltung und

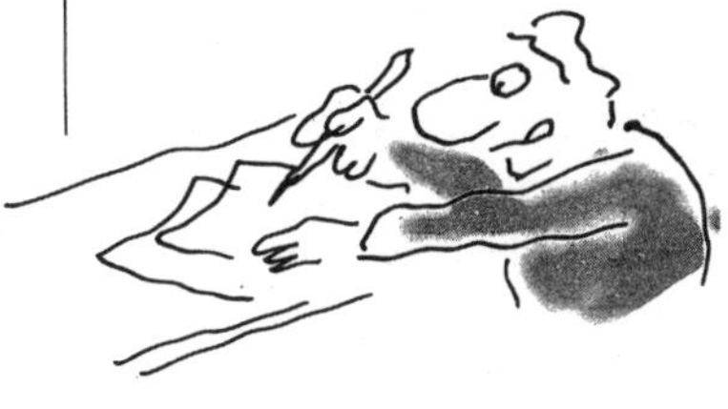

Gebaren oft ja nur wenig von besessenen Protokollanten unterscheiden, zu falschen Einschätzungen verleiten lassen. Daher kann der Charakter einer Vorlesung von einem Außenstehenden mit letzter Sicherheit nur anhand des bewährten Großkatzen-Tests nach Sawatzky bestimmt werden.

Der Vorlesungsdefinitionstest nach Sawatzky sieht vor, daß der Außenstehende, etwa ein neugieriger Student einer anderen Fachrichtung, zwei bis drei Großkatzen (Löwen, Tiger u.ä.) mit einer langen Eisenstange in den Hörsaal treibt. Stürmen die Studenten daraufhin panikartig aus dem Hörsaal, so ist erwiesen, daß es sich um eine normale Vorlesung handelt. **Stürmen jedoch die Bestien panikartig aus dem Hörsaal, so handelt es sich um eine Vorlesung mit Abschlußklausur.** Denn erfahrungsgemäß empfinden Studenten Großkatzen während solcher Veranstaltungen ausschließlich als störend und knicken ihnen daher gleich nach Betreten des Hörsaals die Ohren ab oder fügen ihnen andere Grausamkeiten zu, die die Tiere binnen kürzester Zeit in die Flucht treiben. **Für den Fall, daß gerade keine Großkatzen zur Hand sind, sei noch angemerkt, daß der Test auch mit Braunbären, Büffelherden oder Heino funktioniert.**

Die Frühvorlesung

Die Frühvorlesung beginnt üblicherweise um 8.15 Uhr und ist der wichtigste der zahlreichen Untertypen der Vorlesung mit Abschlußklausur. Versuche, sie auch in Form einer gewöhnlichen Vorlesung durchzuführen, sind bislang stets an der totalen Verweigerung der Studenten gescheitert.

Die Frühvorlesung hat auch über die Hochschulen hinaus einen gewissen Bekanntheitsgrad erlangt, weil sie immer wieder in verschiedenen Menschenrechtsberichten von Amnesty International als moderne Foltermethode Erwähnung findet.

Darüber hinaus kommt ihr in den Unfallstatistiken verschiedener Ministerien eine überragende Rolle zu. Nähere Untersuchungen des Bundesgesundheitsministeriums haben ergeben, daß dieser an sich überraschende Sachverhalt daher rührt, daß sich die Mehrzahl ihrer Teilnehmer bei Betreten des Hörsaals noch im Zustand des Halbschlafs befindet. So ziehen sich den jüngsten Statistiken des Ministeriums zufolge nicht weniger als 72 von 100 Studenten, die an einer Frühvorlesung teilnehmen, während des Semesters Verletzungen beim Aufsuchen eines Platzes zu (durchschnittlich 3,4):

- 44 Studenten stoßen zwischen den Stuhlreihen frontal zusammen und erleiden schwere Kopfverletzungen.
- 27 Studenten stürzen die Treppe hinunter und ziehen sich

komplizierte Knochenbrüche zu.

- 25 Studenten verheddern sich unauflösbar im Strickzeug einer Kommilitonin und tragen schwere Stichwunden davon.
- 17 Studenten prallen gegen eine der Seitenwände und verlieren einen Großteil ihrer Zähne.
- 15 Studenten nehmen versehentlich auf dem Schoß ihres Nachbarn Platz und verlieren alle Zähne.
- 11 Studenten verwechseln den bereits referierenden Dozenten mit einem Kleiderständer und brechen sich die untere Stufe ihrer Karriereleiter.

Seminare

Das Seminar als Mißstand

Die zweite Hauptunterrichtsform an deutschen Hochschulen ist das Seminar. Während die Vorlesung darauf beschränkt ist, in Vortragsform Wissen zu vermitteln, bietet das Seminar den Studenten die Gelegenheit, mit den Dozenten zu diskutieren und die Sitzungen aktiv mitzugestalten. Da amtlicherseits meist keine Gestaltungsvorgaben bestehen, sind der Phantasie dabei keine Grenzen gesetzt. Daß trotzdem nahezu jedes Seminar nach dem gleichen unspektakulären Schema abläuft, erklärt, warum bislang nur verhältnismäßig wenige Seminarleiter von der Showbranche entdeckt wurden. Typisch ist ungefähr folgender Sitzungsverlauf: Der Seminarleiter betritt den Raum, begrüßt die anwesenden Studenten und erteilt dem ersten Referenten, einem schüchternen, schmalbrüstigen Lulatsch, das Wort. Dieser hastet, kalten Schweiß auf der Stirn, nach vorne, zieht ein dreißigseitiges Manuskript hervor und beginnt zu lesen, als ginge es um sein Leben. **Die Studenten richten sich derweil ein: Sie ziehen ihre Schuhe aus, holen ihre Kopfkissen hervor und setzen sich ihre Nachtmützen auf.**

Eine Dreiviertelstunde später ist das Referat zu Ende. Die ungewohnte

Stille schreckt die Studenten auf und bringt ihre Fäuste zum Klopfen. Der Seminarleiter bedankt sich beim Referenten für die informative Darstellung, bittet mehrfach um Nachfragen, versucht schließlich, der Höflichkeit halber selbst eine zu stellen, erinnert sich aber nicht einmal mehr an das Thema des Vortrags und ruft daher den nächsten Referenten auf – einen coolen Fachschaftler mit Drei-Tage-Bart und Birkenstock-Sandalen. Der schlendert zum Referentenplatz, packt seinen Tabak aus und sucht mehrere Minuten nach dem Zigarettenblättchen, auf dem er sich eben in der Freistunde, als er das Referat konzipiert hat, einige Notizen gemacht hat. Da er es nicht mehr findet, fängt er halt so zu reden an und hört erst wieder auf, als ihn der Dozent darauf hinweist, daß die Seminarzeit abgelaufen ist.

Nun kramen die Studenten ihre Waschbeutel hervor, putzen sich die Zähne, machen sich kurz frisch und verlassen den Seminarraum.

Diese Seminarpraxis, so verbreitet sie auch ist, wird allgemein als großer Mißstand empfunden. Da jedoch nicht zu erwarten ist, daß den Seminarleitern in absehbarer Zeit originellere Verfahren der Seminargestaltung in den Sinn kommen, wird die Qualität eines Seminars auch in Zukunft mit dem Niveau der Referate steigen und fallen. Im folgenden seien deshalb einige typische Mängel studentischer Referate angesprochen und Wege zu ihrer Behebung genannt.

Das schlecht vorbereitete Referat

Ein erheblicher Teil von Referaten erreicht bereits deshalb nicht die Zuhörer, **weil sie einfach schlecht vorbereitet sind.** Dies liegt daran, daß in den Köpfen vieler Studenten der bequeme Irrglaube herumspukt, das Maß der Lebenserfahrung des Referenten sei für die Qualität seiner Referate wichtiger als sein Fachwissen. Diese Überlegung verleitet sie zu der Fehlannahme, das regelmäßige Gespräch mit anderen Menschen in der Kneipe, im Schwimmbad oder in der Sporthalle sei bei der Vorbereitung auf einen Referatstermin nutzbringender als das sture Blättern in Fachbüchern.

Gehörst Du, verehrter Leser, auch zur Gruppe dieser Studenten, so solltest Du Dir umgehend auf dem Wege eines kognitiven Diskurses die fehlende Validität und Reliabilität der anthropologischen, humanpsychologischen und sozialimpliziten Basisprämissen dieser neohedonistischen Vorbereitungstheorie bewußt machen.

Im Klartext: **Laß Dich das nächste Mal gefälligst drei Wochen vor Deinem nächsten Referatstermin an einen Stuhl festketten und stell sicher, daß sich in Deiner Reichweite nichts anderes befindet als die Fachliteratur, ein Topf mit Wasser und ein Eimer mit gepökeltem Fleisch.** Oder glaubst Du etwa, es macht Spaß, sich von einem Faulenzer informieren zu lassen, der zwar zu allem eine Meinung, aber von nichts eine Ahnung hat? Saftgurke!

Das schlecht vorgetragene Referat

Der häufigste Fehler während des Vortragens selbst, der in Uniseminaren begangen wird, **ist zu schnelles Sprechen.** Damit soll nicht bestritten werden, daß es in manchen Fällen durchaus sinnvoll sein kann, ein Redetempo vorzulegen, dem kein Mensch mehr folgen kann. Etwa dann, wenn Du

– feststellst, daß die Seiten, aus denen Du gerade vorliest, nicht etwa Deine Darstellung der päpstlichen Enzyklika „*Quadrogesimo Anno*" enthalten, sondern die schärfsten Stellen des Buches „*Die Bekenntnisse der M. – Die Geschichte einer französischen Luxusdirne*", die Du am Morgen heimlich in einem Kaufhaus abgeschrieben hast;

– bemerkst, daß Du die letzten Seiten Deiner

Aufzeichnungen in der Aufregung soeben als Taschentuch benutzt hast und daher gleich unvermittelt enden wirst; – siehst, wie der Seminarleiter das Buch, aus dem Du den ganzen Käse abgeschrieben hast, plötzlich aus seiner Tasche zieht und interessiert darin rumblättert;

– miterleben mußt, wie der baumlange Kerl, der Dir die Freundin ausgespannt hat, und unter dessen Namen Du Dich ins Seminar eingeschlichen hast, um ihn durch einen deppenhaften Vortrag lächerlich zu machen, den Raum betritt, Platz nimmt und mit einem Fleischermesser zu spielen beginnt.

Wie gesagt, es kann also in einigen wenigen Fällen, in denen der Verstand dies gebietet, durchaus zweckmäßig sein, überschnell vorzutragen. Im Normalfall allerdings ist hastiges Reden nicht durch rationale Überlegungen zu rechtfertigen, sondern ausschließlich eine Folge von Nervosität und daher ein störendes Übel. Am ehesten beheben läßt es sich durch den Verzicht auf ein ausformuliertes Manuskript und den Zwang zur freien Rede. Ein solcher Schritt hat jedoch bei wenig redebegabten Studenten oft das gegenteilige Extrem zur Folge: zu langsames Sprechen. Prüfe Dich selbst – als Erfahrungswert gilt: **Spätestens wenn jeder Deiner Sätze**

mit einer kleinen Staubwolke beginnt, weißt Du, daß Deine Formulierungsgeschwindigkeit nicht für einen freien Vortrag reicht.

Bei zu schnellem Sprechen bleibt Dir nur die Möglichkeit, Dein Vorlesetempo anhand von mechanischen Methoden zu drosseln. Das bekannteste dieser Verfahren ist die sogenannte Wopi-Methode, die nach dem Stamm der Wopi-Pygmäen, einer frühen Hochkultur im Herzen Zentralafrikas, benannt ist. Die Wopi-Pygmäen, die um 300 n. Chr. ihre kulturelle Blütezeit erlebten, verbrachten die Regenperioden regelmäßig damit, in ihren Hütten wissenschaftliche Seminare oder Symposien abzuhalten. Dabei stießen sie – wie aus den wenigen uns überlieferten Schriften hervorgeht – schon früh auf das Problem, daß ein beträchtlicher Teil der Zuhörerschaft Jahr für Jahr wilden Tieren zum Opfer fiel, weil die Referenten so schnell sprachen, daß die Zuhörer binnen Minuten in so tiefen Schlaf verfielen, daß sie eine leichte Beute für umherstreunende Leoparden oder Löwen wurden. Eine der erhaltenen Papierrollen berichtet sogar davon, daß einmal ein ganzes Wopi-Dorf, in dem gerade ein Kongreß über die experimentelle Lyrik von Wungo Dungo, einem der profiliertesten Wopi-Dichter seiner Zeit, stattfand, unter den Beinen einer Elefantenherde den

Tod fand, weil der Referent, der bereits alle Bewohner in Tiefschlaf geredet hatte, schließlich selbst einschlief, ohne aber mit dem Reden aufzuhören.

Kurzum: zu guter Letzt, nachdem das hohe Sprechtempo der Referenten geradezu zu einem Existenzproblem des Stammes geworden war, setzte der für seine Weisheit bekannte Pygmäen-Häuptling Knobo der Erste schließlich eine Wopi-Forschergruppe unter Leitung des Stammesgenies Tumba Wumba ein, die nach Lösungswegen aus der Krise suchen sollte. Nach einigen Jahren intensiver Forschungsarbeit, bei der kein Aufwand an Zeit und Mühe gescheut wurde, gelang es den Wopi-Wissenschaftlern schließlich, die berühmte Kieselsteintechnik zu entwickeln, nach deren Anwendung das Problem der wilden Tiere schlagartig an Bedeutung verlor. Das Verfahren, das in seinem Raffinement allen vergleichbaren Methoden seiner Zeit sehr weit voraus war, funktioniert – auf den Punkt gebracht – wie folgt:

Jeder Referent bekommt vor Beginn des Vortrags den Mund randvoll mit Kieselsteinen gefüllt.

Hinter der Kieselsteintechnik steht die geniale Überlegung, daß ein mit Kieselsteinen gefüllter Mund entweder sehr vorsichtig sprechen oder unentwegt Steine schlukken muß. Diese Annahme erwies sich als vollkommen richtig, und so war das Problem der wilden Tiere für das Volk Knobos des Ersten bald nur noch zweitrangig. Denn das Hauptproblem war nun, daß die Wopi einige

Jahre später ausstarben, weil ihre Mägen die dauernde Kieselzufuhr nicht mehr verkrafteten.

Das didaktisch einfallslose Referat

Aber selbst, wenn Redetempo und Inhalt stimmen, **heißt das noch lange nicht, daß das Referat auch bereits eine ansprechende Qualität besitzt. Dies ist vielmehr erst dann der Fall, wenn der Referent den reinen Wortteil durch didaktisch wertvolle Ergänzungen auflockert.** Diese in jedem Einführungsseminar zu hörende und in jedem Leitfaden zu lesende Empfehlung wird von Anfängern leider jedoch nur allzu häufig mißverstanden. Daher sei an dieser Stelle noch einmal ganz klar gesagt: Den Vortrag auflockern bedeutet *nicht*, daß Du

– Deine alberne Jerry-Lewis-Imitationsnummer wieder aufwärmst, für die Du schon als Kind so viel Beifall erhalten hast, daß Du fast das gesamte dritte Schuljahr im Krankenhaus verbringen mußtest.

– Deine Oma, die früher einmal Tänzerin war, für einen Pausenauftritt verpflichtest, und zwar auch dann nicht, wenn Sie mit Ihrer Steppnummer „*Der Maien ist gekommen*" noch heute in jedem Seniorenheim phantastische Erfolge feiert.

– die Anwesenden nach jedem vorgetragenen Abschnitt dazu aufforderst, ein lustiges Gesellschaftsspiel wie z.B. „*Fips hat den Hut verloren*" oder „*Tante Truda aus Buxtehuda reist nach Bermuda*" zu beginnen.

– versuchst, dadurch für Stimmung zu sorgen, daß Du dem Seminarleiter jedesmal, wenn er gerade nicht hinsieht, ein Vögelchen zeigst oder ein Papierkügelchen an den Kopf schießt. Vielmehr ist eine Auflockerung des Wortvortrags durch die Einbeziehung visueller Hilfsmittel wie Overheadfolien, Tafelschaubilder oder in Umlauf gebrachte Dokumente gemeint.

Der Seminarleiter als Dichterfürst

Wenn die Qualität von so manchem an deutschen Hochschulen dargebotenen Seminarreferat eher gering ist, liegt das nicht zuletzt auch daran, daß die wenigsten Seminarleiter die Referenten in direkter und unmißverständlicher Weise auf die Mängel ihres Vortrages aufmerksam machen. Im Gegenteil: **Ähnlich wie bei Arbeitszeugnissen hat sich in Seminaren ein Fachcode herausgebildet, der selbst die größten Fehlleistungen noch mit wohlklingenden Formulierungen umschreibt.**
Während jedoch der Code der Arbeitszeugnisse mittlerweile, für jeden nachlesbar, in vielen Fachbüchern dechiffriert ist, ist der Seminarleiter-Code vielen Studenten leider noch immer unbekannt. Das hat zur Folge, daß die vernichtendsten Urteile über ein Referat oft noch als Lob und somit als Bestätigung der bisherigen Arbeitsweise aufgefaßt werden. Und das wiederum hat zur Konsequenz, daß *ein* mißglücktes Referat das nächste gebiert. Damit dieser unselige Kreislauf eines Tages einmal durchbrochen wird, sind im folgenden einige der gängigsten Seminarleiterfloskeln in die normale deutsche Hochsprache übersetzt:

„Wir danken Ihnen für Ihr ausgezeichnetes Referat, das uns viele außerordentlich überraschende Erkenntnisse beschert hat.“
Heißt übersetzt: „Am überraschendsten war mit Sicherheit die außergewöhnliche Erkenntnis, daß Kamele sprechen können.“

„Ihr Referat war wirklich hervorragend. Ich selbst hätte es nicht besser machen können."
Heißt übersetzt: „Sie müssen wissen, daß ich nur hier sitze, weil mein Onkel Rektor der Uni ist. Eigentlich wollte ich Ziegenhirte werden, aber die Aufnahmeprüfung war zu schwer für mich."

„Bevor Sie sich setzen, möchte ich Ihnen noch sagen, daß Ihr Vortrag eines Königs würdig gewesen wäre."
Heißt übersetzt: „Ich denke da vor allem an einen ostjemenitischen Eingeborenenkönig namens ‚Kalbender Hirsch', der im 17. Jahrhundert zu einer regionalen Berühmtheit wurde, weil er sich mit dem rechten Zeh am linken Ohr kratzen konnte."

„Ich kann Ihnen versichern, daß ich an Ihr Referat noch lange mit einem Gefühl der Ergriffenheit zurückdenken werde."
Heißt übersetzt: „Während Sie Ihren Käse verzapften, habe ich geträumt, ich läge auf einer einsamen Südseeinsel, und plötzlich stünde Julia Roberts vor mir. Splitternackt, Mann! Auf meine Frage, wo denn ihre Kleider seien, hat sie mir nur

zugezwinkert und ist kichernd zu einem schattigen Palmenhügel gelaufen."

„Gratuliere, das war eines jener gelungenen Referate, die nur wenige Wünsche offenlassen."
Heißt übersetzt: Genau gesagt zweierlei: a) Der Referent möge sich umgehend zum Teufel scheren. b) Der Teufel möge nicht studiert haben und daher nicht wissen, was für einen Schwätzer er sich da ins Haus holt.

THE SUN AIN'T GONNA SCHEIN ANYMORE...

Der Schein als Schlüssel zum Sein

Daß an den Hochschulen noch der wahre Mensch zählt, das eigentümliche, unverwechselbare Zusammenspiel seiner Seele und seines Verstandes und nichts weiter, ist ein Märchen aus Tausendundeiner Nacht. **In Wirklichkeit bestimmt der Schein auch an den Universitäten und Fachhochschulen schon seit langem das Sein.**
Wer's nicht glaubt, möge nur einmal versuchen, alleine durch den Verweis auf seinen soliden Charakter und seine sprühende Intelligenz die Zulassung zu einer Abschlußprüfung zu bekommen: Sein wichtigster Gesprächspartner wird künftig das Amtsgericht als zuständige Entmündigungsbehörde sein. Wer allerdings eine kleine Sammlung hübscher, gut gepflegter Scheine vorlegen kann, hat hingegen, wenn es sich nicht gerade um identische Exemplare handelt, schon weit bessere Karten …

Scheine werden an Universitäten für gewöhnlich auf dreierlei Weise erworben: durch das Anfertigen von Hausarbeiten bzw. schriftlich fixierten Referaten, durch das Bestehen von Klausuren oder durch das Bestehen von mündlichen Prüfungen. (Das sind die offiziellen Wege. Daß es daneben noch eine Fülle von inoffiziellen Strategien des Scheinerwerbs gibt, in deren Mittelpunkt die Fakultätssekretärin und ihre Vorliebe für gute Weine, schöne Kleider,

kostbare Diamanten oder schnelle italienische Sportwagen steht, sei hier nur vorsichtig angedeutet.)

Hausarbeiten

Von allen drei Verfahren ist der Scheinerwerb durch Hausarbeiten in der Studentenschaft das beliebteste, **weil es dem Studenten am wenigsten das Gefühl vermittelt, unter Prüfungsdruck zu stehen.** Hinzu kommt, daß ein Student, der eine Hausarbeit schreibt, in seiner Zeitgestaltung sehr viel flexibler ist als sein Kollege, der sich in einem bestimmten Zeitraum auf

eine an einem bestimmten Tag stattfindende Klausur oder Prüfung vorzubereiten hat.
So schreiben die meisten Studenten ihre Hausarbeiten nach einem ausgeklügelten System, das entsprechend den neuesten Erkenntnissen der modernen Arbeitspsychologie einen steten Wechsel von Arbeit und Erholung vorsieht. Verbesserungsbedürftig erscheint allerdings noch die zeitliche Proportionierung der einzelnen Phasen:

1. Arbeitsphase
Beginn: Der Student trägt seinen Namen in die Themenliste ein, die in einer der ersten Seminarsitzungen herumgereicht wird.
Tätigkeit: Gleich im Anschluß an die Sitzung begibt er sich in die Bibliothek und entleiht vier Fachbücher zu dem ausgewählten Thema.
Dauer: 1/4 Tag
(= 2 Arbeitsstunden).

1. Erholungsphase
Beginn: Gerade als der Student sich zu Hause in die Bücher vertiefen will, ruft seine Freundin an und fragt, ob er nicht Lust habe, einmal wieder ins Kino zu gehen.
Der Student möchte eigentlich lieber weiterarbeiten, doch als verantwortungsbewußter Mensch weiß er natürlich, daß gerade Workaholics wie er ständig dazu neigen, ihrem Herzen zuviel zuzumuten.
Deshalb befragt er seinen Kreislauf. Sein Kreislauf antwortet mit leichten Herzstichen. Erschüttert fügt er sich daraufhin in das Unerläßliche und beschließt eine kurze, entspannende Erholungsphase zur Entlastung seines angespannten kardiovaskulären Systems.
Dauer: sechs Wochen.

2. Arbeitsphase
Beginn: Der Student erhält die zweite Bibliotheksmahnung wegen der

„Der Student möchte eigentlich lieber weiterarbeiten, doch als verantwortungsbewußter Mensch weiß er natürlich, daß gerade Workaholics wie er ständig dazu neigen, ihrem Herzen zuviel zuzumuten.“

vier entliehenen Bücher. Schweren Herzens beschließt er, die für ihn unentbehrlichen Werke zurückzugeben. Er hofft, daß er Glück hat und es keine Vormerkung gibt, so daß er die Bücher gleich wieder aufs neue ausleihen kann.
Tätigkeit: Der Student sucht den ganzen Tag über nach den vier angemahnten Büchern. Er erinnert sich nur noch, daß er sie wegen eines Theaterbesuchs oder etwas ähnlichem weggelegt hatte. Schließlich, kurz vor Mitternacht, findet er sie im Gefrierfach seines Kühlschranks zwischen einigen Socken mit Löchern und einer noch unbezahlten Rechnung des Installateurs.
Dauer: ein Tag
(= 8 Arbeitsstunden).

2. Erholungsphase
Beginn: In der Bibliothek erfährt der Student, daß eines der vier Bücher mit einer Vormerkung belastet ist. Da er grundsätzlich professionell arbeitet und halbe Sachen verabscheut, läßt er die anderen drei Bücher gleich mit da. Im Grunde kommt ihm die erzwungene Arbeitspause gar nicht so ungelegen. Denn als erfahrener Student weiß

er natürlich, daß die nun allmählich näherrückenden letzten Semesterwochen, in denen alles aufgearbeitet werden muß, was bis dahin vernachlässigt wurde, extrem aufreibend sind. So aufreibend, daß es das beste ist, vorher noch einmal

intensiv Kraft zu tanken. Daher entwirft er noch am selben Abend einen wohldurchdachten Erholungsplan mit den Programmschwerpunkten Herumsitzen, Nichtstun, Faulenzen und Rumtrödeln.
Dauer: sechs Wochen.

3. Arbeitsphase
Beginn: Beim Auseinandernehmen eines auf dem Hausspeicher herumliegenden alten Kaminrohres, in dem er seine verzweifelt gesuchten Aufzeichnungen zu den Vorlesungsklausuren der nächsten Woche vermutet, fällt dem Studenten ein vergilbter Zettel mit der Aufschrift „Hausarbeitsabgabe spätestens 9. Juli“ in die Hand. Er blickt auf den Kalender und erbleicht: 7. Juli.
Tätigkeit: Fluchend über das Unvermögen der Dozenten, die Hausarbeits- und Klausurtermine immer so legen, daß die Studenten alle Arbeit in einer Woche erledigen müssen, eilt er in die Bibliothek, leiht sich 20–30 Bücher aus, kauft auf dem Rückweg im Supermarkt 2,5 kg Kaffee, stiehlt aus der Apotheke einen Karton Amphetamin und aus einem benachbarten Hochhaus eine Sekretärin und schließt sich in seinem Zimmer ein. Dann schreibt er in fieberhafter Eile seine Hausarbeit.
Dauer: 2 Tage
(= 48 Arbeitsstunden).

Klausuren

Während Studenten Hausarbeiten meist lediglich als lästig empfinden, **sehen sie in Klausuren oft geradezu etwas Bedrohliches.** Das hängt damit zusammen, daß es bei nicht wenigen Klausuren beträchtliche Durchfallquoten gibt, wohingegen Hausarbeiten erfahrungsgemäß nur dann Durchfallquoten erzeugen, wenn sie von besonders tumben Dozenten gegessen statt gelesen werden. Hinzu kommt noch, daß Klausuren in sehr leistungsbezogenen Studiengängen oft mehr einer bizarren Mischung von Hasenjagd, Kriegsgericht und Taubenschießen ähneln als einer wirklichen Wissensprüfung.
So erinnere ich mich noch gut an eine Betriebswirtschaftsklausur, die schreiben zu dürfen ich vor längerer Zeit einmal die Ehre hatte:

Die Klausur war sehr wichtig, weil der betreffende Schein für die

Betriebswirtschaftsstudenten Voraussetzung für den Besuch weiterer Lehrveranstaltungen und für die Studenten zweier anderer Fachrichtungen verpflichtend war. Entsprechend groß war die Nervosität. Schon eine halbe Stunde vor Klausurbeginn fanden sich rund 200 Studenten mit grünen Gesichtern auf schwankenden Beinen vor dem Hörsaal ein. Dann plötzlich, fünf Minuten vor Klausurbeginn, erklang ein schriller Pfiff, und mit wildem Geheul galoppierte eine Gruppe Fakultäts-Hiwis herbei, die uns mit langen Stecken in den Raum trieb. Dort mußten wir uns so setzen, daß zwischen jedem Klausurteilnehmer eine Sicherheitszone von fünf Metern frei blieb. **Durch die freien Reihen patrouillierten muskelbepackte Aufseher mit nietenbeschlagenen Pferdepeitschen in der Hand.**
Während der Klausur waren jedes Wort und jeder Seitenblick strengstens verboten. Zuwiderhandlungen wurden unnachgiebig bestraft. So wurde eine Kommilitonin, die ihre Nachbarin laut

und vernehmlich um ein Tempo-Taschentuch bat, dadurch zum Schweigen gebracht, daß sie einen Tritt ins Kreuz erhielt. Mich selbst traf ein Peitschenhieb, als ich in einem leichtsinnigen Moment auf die große Wanduhr schielte.
Am härtesten aber verfuhr man mit einem blassen, nervösen Kommilitonen in der ersten Reihe, dem offensichtlich ein Spickzettel aus der Tasche gerutscht war. Auf einen Wink des Professors hoben ihn zwei mit Kara-

binern bewaffnete Aufseher aus der Bank und trugen ihn wortlos aus dem Saal. Es war erschütternd: Der Student, klein und schwach von Statur, wand und bäumte sich in ihrer eisenharten Klammer, strampelte wie ein Wahnsinniger mit seinen Füßen in der Luft, schwor, er werde so etwas nie wieder tun, brach in Tränengeheul aus, schrie etwas von sieben Kindern, die zu Waisen würden, und begann zu guter Letzt, die Schultern seiner Begleiter abzuküssen. Alles umsonst. Quietschend fiel die Tür hinter ihnen zu. Was dann geschah, läßt sich nur erahnen. Einige Studenten, die nahe der Tür saßen, berichteten später von zwei Schüssen und dem dumpfen Aufprall eines schweren Gegenstands. Was auch immer sich an jenem verregneten Dienstagnachmittag vor der schweren Eisentür des Audimax zugetragen hat – niemand hat den blassen, nervösen Studenten aus Reihe 1 je wiedergesehen …

Allerdings muß bei nüchterner Einschätzung der Situation eingeräumt werden, daß keineswegs jede Klausur Heldentum voraussetzt. Es gibt zweifellos auch das gegenteilige Extrem:

Klausuren, die so durchgeführt werden, daß der Student gar keine andere Wahl hat, als zu bestehen. Überproportional häufig finden sie sich in jenen Studiengängen, in denen der Mensch als solcher noch eine Rolle spielt, also in verschiedenen sozialwissenschaftlichen Studiengängen. Vereinzelt gibt es sie aber auch in anderen Fachrichtungen, wo sie dann eine ganz besondere Anziehungskraft auf Studenten entfalten:

Nie vergessen werde ich etwa jenen Physikprofessor, dessen Klausuren damit begannen, daß er nacheinander Fragen an die Tafel schrieb und nur solche stehen ließ, die die Studenten nicht mit nach unten gewandtem Daumen kommentierten. Während jeder Klausur verließ er mehrfach den Raum, und fand er beim Wiederkommen immer noch das eine oder andere ratlose Gesicht vor, so ließ er es sich nicht nehmen, den Betroffenen Einzelberatungsgespräche anzubieten und besonders schwerfälligen Studenten sogar die Hand zu führen. Die ungeheure Popularität, die er mit seinem „anti-elitären" Klausurstil in Studentenkreisen gewann, wurde ihm schließlich zum Verhängnis. Denn schon bald kamen die Studenten aus allen Himmelsrichtungen, um an seinen Klausuren teilzunehmen. Der Andrang war so groß, daß die Bundesbahn begann, an diesen Klausurtagen Sonderzüge einzusetzen. Selbst die Deutschlandflüge der großen amerikanischen Fluggesellschaften verbuchten zur Klausurzeit deutliche Umsatzsteigerungen.

„Schon bald kamen die Studenten aus allen Himmelsrichtungen, um an seinen Klausuren teilzunehmen. Der Andrang war so groß, daß die Bundesbahn begann, an Klausurtagen Sonderzüge einzusetzen."

Eines Tages schließlich geschah dann, was passieren mußte: Der Professor hatte gerade damit begonnen, die ersten Fragen an die Tafel zu schreiben, als der Parkettboden des für maximal 750 Studenten gedachten Audimax unter der Last der rund 10 000 Klausurteilnehmer zerbarst. Eine riesige Studentenlawine donnerte von den Höhen des Saales herab und riß alles mit sich fort, was sich ihr in den Weg stellte. In wenigen Sekunden hatte sie den Professor unter sich begraben. Es dauerte Tage, ehe seine Leiche geborgen werden konnte ...

Mündliche Prüfungen

Die mündliche Prüfung ist der am seltensten beschrittene der drei genannten Wege zum Scheinerwerb. In den meisten Fachrichtungen fungiert sie lediglich als letzte Chance für jene Studenten, die weder die Klausur noch eine etwaige Nachklausur bestanden haben.

Obgleich viele Studenten eine ausgeprägte Furcht vor derartigen Tests haben, ist die Wahrscheinlichkeit der erfolgreichen Beendigung einer mündlichen Prüfung relativ hoch. Denn für die meisten Dozenten sind mündliche Prüfungen ausgesprochen lästig und zudem die letzte Gelegenheit, einen offensichtlich zur Faulheit oder Begriffsstutzigkeit neigenden Studenten vom neuerlichen Besuch ihrer Lehrveranstaltung abzuhalten.

Im Normalfall setzt das Bestehen der Prüfung daher nichts weiter voraus als eine solide Vorbereitung. Eine solche kann etwa darin bestehen, daß der Student ein Gymnasium aufsucht und jedem Abiturienten, der ihm über den Weg läuft, eine Kinokarte für den Fall verspricht, daß er den Prüfer zum Zeitpunkt der Prüfung anruft und um eine allgemeine Einführung in das von ihm repräsentierte Studienfach bittet. Schlägt auch nur ein Viertel der Angesprochenen ein, wird der Prüfer während der – in der Regel halbstündigen – Prüfung nicht dazu kommen, auch nur eine einzige Frage zu stellen. Und weil er seinen dichten Terminplan nicht wegen eines Studenten umgestalten wird, der ihn weniger interessiert als eine durchschnittliche Topfpflanze, wird er die Prüfung als bestanden bewerten. Ganze Studentengenerationen haben auf diesem Wege die schwierigsten Hürden ihres Studiums gemeistert.

Die Telefonmethode hilft Dir allerdings nicht, wenn Du das Pech hast, an einen Prüfer mit sadistischen Neigungen zu geraten. Du erkennst Dozenten dieses Typs auf den ersten Blick an dem lüsternen Grinsen, mit dem sie Dich empfangen. **Meist sitzen sie in Büros, deren Wände mit den Klausuren gescheiterter Studenten geschmückt sind und streifen sich vor Prüfungsbeginn Gummihandschuhe über, auf denen sich Blutspritzer und Spuren verschiedener Körpersegmente befinden.** Telefonanrufe während der Prüfung entlocken ihnen lediglich ein wollüstiges Stöhnen, da sie es lieben, wenn Prüfungen in die Länge gezogen werden. Und selbst, wenn sich eine Prüfung einmal bis in die Nachtstunden hinein verlängert, ist das für sie noch kein Anlaß zur Verärgerung, sondern, im Gegenteil, es ruft romantische Gefühle hervor. Oft stimmen sie dann während einer Fragepause anrührende Lieder an wie z.B. die Moritat vom Studenten, der sich zur Diplomprüfung anmelden will und unterwegs all seine Scheine verliert. Für Dich als Prüfling ist das nur von Vorteil, denn vielen sadistischen Dozenten versagt bei der Schlußstrophe dieses seit Jahrhunderten von Prüfer zu Prüfer überlieferten Liedes vor lauter Ergriffenheit regelrecht die Stimme:

Ach Student, armer
Student,
hast ja so geflennt.
Ach Student, kleiner
Student,
hast die ganze Nacht
nicht gepennt.
Denkst nun dran,
Dich geradewegs zu
erhang'
oder ins Wasser zu gang'.
Doch halt, Du großer Tor,
leih uns erst Dein Ohr.
Sterben willst Du,
das ist gut,
doch denk dran:
bitte nur mit recht viel
Blut.

Sollte der Prüfer sogar in Tränen ausbrechen und seine Gummihandschuhe ausziehen, weißt Du, daß es Zeit ist, ihn mit seinen Erinnerungen allein zu lassen. Sei versichert, daß er anderntags voller Dank sein wird für die schönen Stunden, die Du ihm bereitet hast. Dieser Dank kann sich auf zweierlei Weise äußern: Hast Du Glück, erhältst Du nun endlich Deinen Schein, hast Du Pech, schickt er Dir fortan jede Woche Blumen und lädt Dich zu weiteren Prüfungsgesprächen in sein Vereinslokal „Zum kaltblütigen Korrektor“ ein.

Das Hochschulpersonal

Der Professor

Nachdem wir uns nun über mehrere Kapitel hinweg mit den Strukturen des Hochschulbetriebs auseinandergesetzt haben, ist es an der Zeit, sich den Personen zuzuwenden, die diesen Betrieb in Gang halten. Zu nennen ist da zunächst einmal Ihre Hochwohlgeborene Magnifizenz und durchlauchtigste Majestät von Gottes Gnaden, der Herr Professor.

Der Professor nimmt an der Uni etwa dieselbe herausgehobene Stellung ein wie der Löwe in der Savanne, der Adler in der Luft oder der Mistkäfer im Komposthaufen. **Seine außerordentliche Position gründet darauf, daß er im Grunde keinen Vorgesetzten hat – ein Privileg, das er nur noch mit dem Bundeskanzler teilt.**
Formell ist er zwar dem Wissenschaftsminister des Bundeslandes, zu dem die Universität gehört, verantwortlich. Da der Minister in der Regel aber nicht einmal etwas von seiner Existenz weiß, handelt er de facto vollkommen unverantwortlich.
Das hat zur Folge, daß viele Professoren ihre Lehrverpflichtungen ausgesprochen leger wahrnehmen und sich ganz auf die Forschungsarbeit konzentrieren. In den Geisteswissenschaften, wo

Forschung keine aufwendigen Apparaturen erfordert, sondern am Schreibtisch betrieben wird, kommt dies z.B. darin zum Ausdruck, daß die durchschnittliche Entfernung zwischen Wohnort und offiziellem Arbeitsplatz bei Professoren 147,3 km und die Zahl ihrer wöchentlich am Arbeitsplatz verbrachten Tage (rechnet man die Semesterferien mit) 1,1 beträgt. Extremere Werte erzielen in den neuesten Berufsstatistiken des Bundesarbeitsministeriums lediglich der Beruf des Bankräubers (321 km, 0,1 Tage), des Astronauten (500 000 km, 0,008 Tage) und des Zombies (in Hollywood tätige Z.: 3 Sonnensysteme, 0,3 Tage; freiberuflich tätige Z.: 3 Sonnensysteme, 0,00001 Tage).

Die meisten Studenten überfordert die erste Begegnung mit einem lebenden Professorenexemplar völlig.

Die Folgen der seltenen Anwesenheit der Professoren werden in einigen geisteswissenschaftlichen Fachrichtungen noch dadurch verschärft, daß ihre Zahl hier seit den frühen siebziger Jahren stagniert, während sich die Studentenzahl im selben Zeitraum vervielfacht hat. Besteht dann intern auch noch die Arbeitsteilung, daß Ihre Magnifizenz ausschließlich Hauptstudiumseminare leitet und die Grundstudiumseminare dem wissenschaftlichen Fußvolk überläßt, **kann es mitunter Jahre dauern, bis der Student zum ersten Mal einem lebenden Professorenexemplar Auge in Auge gegenübersteht.**
Die meisten Studenten überfordert dieser Augenblick dann völlig. Durch nichts auf diesen denkwürdigen Moment vorbereitet und unsicher, ob sie ein Fabeltier oder das achte Weltwunder vor sich haben, geraten sie beim Anblick des seltenen Wesens so ins Stau-

nen, daß sie nicht selten die Kontrolle über ihr Tun verlieren. So habe ich Dritt- und Viertsemester gesehen, die den ersten Professor, dem sie von Angesicht zu Angesicht gegenüberstanden, erst einmal neugierig befingerten oder vorsichtig mit einem langen Stock abtasteten. Andere zupften ihn an den Haaren oder schüttelten ihn so lange, bis ihm die Brille von der Nase rutschte. Wieder andere versuchten, ihm Brosamen in den Mund zu stecken oder ihn mit Zuckerstückchen dazu zu bringen, einen Gummiball auf der Nase zu balancieren. Und ganz Ängstliche schließlich versteckten sich zitternd im Papierkorb, sprangen kreischend durch das Fenster oder fielen geradewegs in Ohnmacht.

Es muß nicht eigens darauf hingewiesen werden, daß studentische Reaktionen dieser Art, erst recht, wenn sie sich vor den Augen der Öffentlichkeit abspielen (z.B. im Rahmen einer Festveranstaltung), nicht eben förderlich für das künftige Verhältnis von Student und Professor

sind. Hauptleidtragender von Differenzen, die auf diese Weise entstanden sind, ist in der Regel der Student: Sein Studium kann sich nach derartigen Vorfällen leicht bis auf Lebenszeit verlängern.

Viele Fachschaften sind in den letzten Jahren, um das massenhafte vorzeitige Scheitern unerfahrener Kommilitonen in der Stunde des ersten Professorenkontakts endlich zu beenden, dazu übergegangen, unentgeltliche Fortbildungskurse anzubieten, in denen Grundstudiumstudenten die Grundbegriffe eines erfolgreichen Umgangs mit Professoren erlernen können. Kürzlich haben die Politologiefachschaften einiger süddeutscher Universitäten sogar einen Modellehrplan für derartige Kurse vorgelegt, der eine Harmonisierung der bislang von Ort zu Ort unterschiedlichen Unterrichtsinhalte bewirken soll. In Fachkreisen hat dieses Curriculum bereits hohes Lob erfahren, weil es – wie das Fachblatt *„Professor im Spiegel"* urteilte – „mit großer Sensibilität den gleicher-

maßen diffizilen wie sublimen Bedürfnissen einer Professorenseele gerecht wird". Im einzelnen sieht dieser ausgefeilte Plan vier zeitlich gleichgewichtete Unterrichtsfächer vor, denen verschiedene Schwerpunktthemen zugeordnet sind:

a) Die Kunst des Gesprächs

Themenschwerpunkte:

1. Mund halten.
2. Bewunderung heucheln.
3. Späße belachen, auch solche, die ohne Witz auskommen.
4. Energisches Zustimmen.

b) Besondere Kommunikationstechniken

Themenschwerpunkte:

1. Die Technik des Bettelns und Flehens.
2. Die Technik des Winselns.
3. Der Fußkuß als Fundament eines harmonischen Miteinanders.

c) Freundschaftliche Gesten

Themenschwerpunkte:

1. Tasche tragen und andere Selbstverständlichkeiten.
2. Parklücken überlassen.
3. Abdeckung von Schlammpfützen mit Mantel oder Jacke.
4. Der Rücken als Sitzgelegenheit während überfüllter Veranstaltungen.

d) Vertrauensbildende Maßnahmen

Themenschwerpunkte:

1. Rasen mähen und Auto waschen.
2. Aufkaufen sämtlicher Auflagen der vom Professor verfaßten Bücher.
3. Kleine Geschenke (Pralinenschachteln, Tafelweine, Silberbestecke, Reitpferde, Ländereien in Ostdeutschland usw.).
4. Scheeläugige Tochter oder pickeligen Sohn heiraten.

Das weitere wissenschaftliche Personal

Abgesehen von der Gruppe der Lehrbeauftragten, die ganz überwiegend aus Praktikern besteht, die nur nebenher an der Uni unterrichten, setzt sich das wissenschaftliche Personal nahezu ausschließlich aus Personengruppen zusammen, die jeweils einem bestimmten Professor unterstehen. Anders gesagt: **Ebenso wie die zivile Welt ist auch die wissenschaftliche Welt in Form von Familien organisiert, wobei die typische Uni-Familie aus einem Oberhaupt (Professor), mehreren Ziehkindern (Assistent und wissenschaftliche Mitarbeiter), einer Zugehfrau (Sekretärin) und dem Hausknecht (Hiwi) besteht.**

Studenten können in diesen Familiengemeinschaften überhaupt nur die schwierige Rolle des Hausknechtes übernehmen – offizielle Berufsbezeichnung: wissenschaftliche Hilfskraft –, da die übrigen Positionen einen akademischen Abschluß oder aber Ordnungssinn und Fleiß (Sekretärin) voraussetzen. In der Tat sind Hiwi-Stellen in der Studentenschaft außerordentlich beliebt, da sie in dem Ruf stehen, einen guten Einblick in die Welt der Wissenschaft und zudem viele interessante und nützliche Kontakte zu verschaffen.

Doch soll an dieser Stelle nachdrücklich vor einem zu eiligen Bemühen um einen Hiwi-Vertrag gewarnt werden. Denn die Erfahrung lehrt, daß keinesfalls jeder Student auch wirklich für ein Hiwi-Dasein geeignet ist. Zum Glück gibt es seit einiger Zeit einen von der Bundesanstalt für Arbeit herausgegebenen Kurztest, der es Hiwi-Willigen ermöglicht, binnen kürzester Zeit zu einem vergleichsweise treffsicheren Urteil über ihre Eignung zu jenem ebenso anspruchsvollen wie schwierigen Job zu kommen. Da der Test, der vier Standardsituationen im Leben eines Hiwis beschreibt, in der Studentenwelt leider immer noch relativ unbekannt ist, sei er an dieser Stelle wiedergegeben:

Situation 1
Der Assistent spielt den ganzen Nachmittag am Computer im Sekretariat herum. Plötzlich stürzen sämtliche Texte ab. Als der Professor anderntags seine Texte nicht mehr findet, tobt und schimpft er wie ein Teufel. Auf seine Frage, welcher Idiot das verbrochen habe, zeigt der Assistent auf Dich. Wie reagierst Du?

a) Du rettest Dich, indem Du erzählst, Dein Hiwi-Kollege hätte Dir wörtlich gesagt, der Prof, diese Ausgeburt von einem ostfriesischen Bergdeppen, hätte den Auftrag gegeben, alle Texte zu löschen. Aus Sicht des gesunden Menschenverstandes sei dieser Befehl zwar vollkommen blödsinnig. Aber zu einem verblödeten Chef gehörten nun einmal blödsinnige Befehle. (Extrem wendiges Verhalten: 4 Punkte)

b) Du bekennst Dich schuldig und bittest den Professor um eine möglichst harte Bestrafung, damit Deine haltlose Seele wieder auf den rechten Pfad der Tugend zurückgeführt wird. (Etwas einfallslos, aber wirkungsvoll: 2 Punkte)

c) Du weist die Behauptung empört zurück und sagst, der Assistent habe den Absturz verursacht. (0 Punkte)

d) Du klatscht dem Assistenten Deine Fahrradhandschuhe gegen die Backen und verlangst Satisfaktion. (–2 Punkte)

Situation 2

Der Professor sagt Dir und einem anderen Hiwi im Anschluß an eine Besprechung, in fünf Minuten soll einer von euch in sein Zimmer kommen und ihm eine der beiden Taschen abnehmen, die er zum Auto tragen muß. Was tust Du?

a) Du verläßt vier Minuten später das Hiwi-Zimmer unter dem Vorwand, Du müßtest mal zur Toilette. Von außen schließt Du die Tür ab. Dann meldest Du Dich beim Professor und sagst, Dein Kollege habe es plötzlich sehr eilig gehabt, nach Hause zu kommen. (Sehr gut, alter Trappertrick: 4 Punkte)

b) Du nutzt die verbleibende Zeit, um Deinen Kollegen zu

überwältigen, an ein Tischbein zu ketten und zu knebeln. (Solide Vorgehensweise: 2 Punkte)

c) Du läßt Deinem Kollegen den Vortritt. (0 Punkte)

d) Du greifst Deinem Professor lachend an die Oberarme und fragst, ob er denn solche Puddingärmchen habe, daß er keine zwei Taschen gleichzeitig tragen könne. (–2 Punkte)

Situation 3

Bei einer Arbeitsbesprechung übergibt der Professor einem wissenschaftlichen Mitarbeiter eine Liste mit 150 Buchtiteln, die er innerhalb des nächsten Jahres auf verschiedene Aspekte hin durcharbeiten soll. Einen Tag später – der Professor ist verreist – knallt Dir der Mitarbeiter die Liste auf den Tisch und erklärt, er habe beschlossen, die Aufgabe an Dich zu delegieren. Wie verhältst Du Dich?

a) Du umarmst ihn innig und dankst ihm mit zitternder Stimme für das entgegengebrachte Vertrauen. Zu Hause läßt Du Deine Wut an der Katze aus. (Ausgezeichnete Selbstbeherrschung: 4 Punkte)

b) Du fährst hoch zum achten Stock und stürzt Dich aus dem Fenster. (Einfallslose, aber dauerhafte Lösung: 2 Punkte)

c) Du erwiderst kurz und knapp, in Deinem Arbeitsvertrag seien keine Überstunden vorgesehen. (0 Punkte)

d) Du nimmst den Burschen in den Schwitzkasten, stopfst ihm die Liste in den Mund und zwingst ihn, während des Kauens tausendmal den Satz zu sagen „Ein Hiwi ist kein Muli".
(–2 Punkte)

Situation 4

Du sitzt gerade allein im Hiwi-Zimmer, da klopft es an die Tür. Ein schüchterner, ängstlicher Erstsemester tritt ein und fragt mit rotem Kopf, wann die Klausurergebnisse vorliegen werden. Was machst Du?

a) Du läßt Dir sofort Namen und Adresse des Studenten geben und äußerst die Vermutung, daß diese unverschämte Störung nicht ohne Einfluß auf seine Klausurnote bleiben wird. (Gesundes Standesbewußtsein: 4 Punkte)

b) Du rufst alle Deine Kollegen herbei und amüsierst Dich mit ihnen über den roten Kopf des Studenten. (Sehr humorvoll: 2 Punkte)

c) Du gehst mit dem Studenten zur Sekretärin, die Näheres weiß. (0 Punkte)

d) Wie c).
Weiterhin lädst Du den Studenten zum Abendessen in ein nahegelegenes Restaurant ein, stürmst in die Innenstadt, erstehst in einem Kaufhaus den Bestseller *„Weck den Riesen in Dir – Wege zu einem*

selbstbewußteren Ich", vertiefst Dich darin und übst am Abend mit dem Studenten während des Essens Techniken eines selbstbewußteren Umgangs mit wissenschaftlichen Hilfskräften ein. (–2 Punkte)

Auswertung

16 bis 8 Punkte: Du bist ausgekocht, rücksichtslos und gemein. Was sucht ein Mensch wie Du an der Uni? In der Wirtschaft könntest Du Millionen verdienen.

6 bis 2 Punkte: Du hast das Zeug zu einem guten Hiwi. Allerdings mußt Du noch an Dir arbeiten und Deine gefährliche Neigung zu einer eigenen Meinung und zu hilfsbereitem Verhalten abbauen.

0 bis –8 Punkte: Du hast Rückgrat und nennst die Dinge beim Namen. Verschwinde. Werde Schäfer oder Bienenzüchter. Für den Umgang mit Menschen – und Wissenschaftler sind Menschen – bist Du völlig ungeeignet.

Das nichtwissenschaftliche Personal

Wie jeder große Dienstleistungsbetrieb umfaßt die Hochschule neben dem eigentlichen Fachpersonal noch eine Fülle von allgemein einsetzbaren Kräften, die meist mit verschiedenen Verwaltungsaufgaben betraut sind. Da dieser Personalsektor für den Studenten von eher geringer Bedeutung ist, sollen hier lediglich die drei wichtigsten ihm zugehörigen Personalgruppen vorgestellt werden.

Die Sekretärin

Sekretärinnen sind an Universitäten, da sie nicht nur an den Fakultäten, sondern auch im allgemeinen Verwaltungsbereich der Uni anzutreffen sind, keineswegs seltener als Professoren. **Tatsächlich umfaßt fast jeder Universitätsflur mindestens ein Sekretariat. Man findet es am schnellsten, wenn man dem Kaffeegeruch folgt.** Studenten betreten Sekretariate im allgemeinen mit gemischten Gefühlen. Einerseits sind Uni- und FH-Sekretärinnen bekannt dafür, sehr freundlich und hilfsbereit zu sein, sofern sie nicht gerade ganz besonders viel um die Ohren haben. Andererseits haben eigentlich alle Uni- und FH-Sekretärinnen pausenlos ganz besonders viel um die Ohren.

Der Sachbearbeiter

Aufgabe des Sachbearbeiters, der sich in großer Zahl in den verschiedenen Verwaltungsabteilungen der Hochschule findet, ist es, die Grundversorgung der Universitätsmitglieder mit überflüssigen Formblättern, Vordrucken und Merkblättern sicherzustellen. Studenten geraten mit dieser Spezies hauptsächlich im Bafög-Amt und – am Ende ihres Studiums – im Prüfungsamt in Kontakt.

Der Sachbearbeiter – oft spöttisch als „König der Bleistifte", „Paperman" oder „Stempelkissenzorro" bezeichnet – gehört zu den am meisten unterschätzten Bediensteten der Uni: So hält ihn das Gros der Studenten und Wissenschaftler – Umfragen bestätigen das leider immer wieder – für eher träge, langsam und schläfrig. Derartige Klischees sind sicherlich sehr bequem, weil sie vor selbständigem Nachdenken und mühevoller Meinungsbildung schützen. Mit der Wirklichkeit indessen haben sie nur sehr wenig zu tun. Denn jeder, der sich auch nur ein bißchen in der Sachbearbeiter-Szene auskennt, weiß: Wenn es darauf ankommt, ist der so bieder und unscheinbar

wirkende Mensch zwischen den Aktenordnern zu ganz erstaunlichen Leistungen fähig. Um nur drei Beispiele zu nennen:

- Viele Sachbearbeiter, nicht alle, aber viele, beherrschen eine Kunst, von der selbst die berühmtesten Professoren nur zu träumen wagen:

Sie können binnen kürzester Zeit aus einem schriftlichen Antrag ein seetaugliches Papierschiffchen bauen.

- Was viele auch nicht wissen: Die meisten Sachbearbeiter sind wahre Meister des Beamtenbillards. Ohne große Mühe gelingt es ihnen, mit ihren Bleistiften zerknüllte Beschwerdebriefe auch aus schwierigsten Winkeln in den Papierkorb zu stoßen.
- Am beeindruckendsten aber ist die athletische Begabung der Sachbearbeiter, insbesondere ihre Fähigkeit zu pfeilschnellen Sprints: So erreicht ein gesundes Berufsmitglied mittleren Lebensalters zuverlässigen Messungen zufolge auf den Strecken Büro–Mensa und Büro–Auto Spitzengeschwindigkeiten von bis zu 80 Stundenkilometern (wobei es in der Lage ist, selbst größere Hindernisse, wie z.B. herumstehende Studenten, mit einigen gezielten Fußtritten aus dem Weg zu räumen, ohne dabei nennenswert an Geschwindigkeit zu verlieren).

Der Hausmeister

Den Hausmeistern kommt an Universitäten eine Schlüsselrolle zu: Ihre Hauptaufgabe ist es, tagaus, tagein die verschiedenen Türen der Gebäude auf- und wieder zuzuschließen.
In Studentenkreisen genießen sie jedoch weniger ihrer verantwortungsvollen Stellung als ihres überlegenen Wissens wegen höchstes Ansehen. Während Professoren in ihren Vorlesungen oft stundenlang daherreden, um schließlich zu einem ungewöhnlich nutzbringenden Fazit zu kommen wie „Ich denke, also bin ich“ oder „Alles, was ich

weiß, ist, daß ich nichts weiß", können Hausmeister auf alle Fragen, die einen jungen Studenten wirklich bewegen, eine rasche und präzise Antwort geben:
Wie tippt die Bild-Zeitung die nächsten Bundesligaspiele? Welches Auto wird gerade wegen falschen Parkens abgeschleppt? Wie benimmt sich ein Professor, dessen Mikrophon plötzlich Stromstöße aussendet (hehe!)? *Wieviel Flaschen Bier passen in einen Aktenkoffer? Welche hübschen Studentinnen betreten und verlassen die Uni für gewöhnlich allein? Was läuft während der Vorlesung im Fernsehen?*
Hausmeister wissen es. Das und noch vieles mehr.

BITTE NICHT FÜTTERN
HOMO STUDENTIKUS
VERBREI-TUNGS-GEBIET:
NICHT ÜBERLEHNEN! STUDENTEN SPRINGEN UND BEISSEN!
PUTH

Wichtige Studentencharaktere

Kommen wir nun nach dieser verhältnismäßig langen Vorrede endlich zur im Grunde einzig erheblichen Figur, die an den Hochschulen anzutreffen ist: zum Studenten selbst.
Entgegen dem landläufigen Vorurteil, Studenten seien alle gleich: faul und arbeitsscheu, das nicht nur in Handwerker- und Arbeiterkreisen, sondern erstaunlicherweise auch unter Leuten, die viel mit dem Kopf arbeiten (Haarstylisten, Fußball-Mittelstürmer, Preiscatcher u.a.), weit verbreitet ist, verfügen Studenten über eine ausgeprägte Individualität. Mehr noch:
Es gibt wohl keinen anderen Prestigeberuf, dessen Angehörige sich so schwer in ein Schema pressen lassen wie professionelle Studenten.

Während sich beispielsweise die große Schar der Ärzte bereits mit zwei Kategorien erschöpfend beschreiben läßt (raffgierige und golfspielende Ärzte) und auch für den Beruf des Professors drei Kategorien genügen (bösartige, sadistische oder

heimtückische Professoren), ist die Vielfalt der Studentencharaktere so unermeßlich wie die Zahl der Sterne am Firmament. Im folgenden sollen nun einige der leuchtendsten dieser Sterne herausgegriffen und kurz vorgestellt werden.

Der Ewige

Der zweifellos bekannteste aller Studententypen ist der ewige Student. Er ist so bekannt, daß selbst Bevölkerungskreise, die noch nie in ihrem Leben mit einer Hochschule in Berührung gekommen sind, eine klare Vorstellung von seinem Tun und Wirken zu haben glauben. Diese Vorstellung läßt sich ungefähr so skizzieren: **Ein ewiger Student sitzt den lieben langen Tag – von morgens neun bis nachts um eins – in der Kneipe und feiert mit seinen Kumpels das Leben.**
Müßig zu sagen, daß dieses Bild extrem vereinfacht ist und der Wirklichkeit fundamental widerspricht: Kein Student würde sein Bett ohne Not je vor zehn Uhr verlassen. Davon abgesehen beschreibt es den Studienalltag vieler Dauerstudenten aber bis ins Detail korrekt.

Neben diesen ewigen Studenten aus Überzeugung gibt es aber noch eine große Gruppe von unfreiwilligen Langzeitstudenten, die ihre hohe Semesterzahl nicht eigenem Verschulden, sondern einer diabolischen Kette von unglücklichen Zufällen und Schicksalswendungen zu verdanken haben. Diese Ewigen verdienen unser aller Respekt, weil sie trotz permanenten Mißerfolgs nie aufgeben und so lange für das Erreichen ihres Studienziels kämpfen, bis sie vor Erschöpfung umfallen oder eines Tages einfach keine Lust mehr haben und lieber eine Dessousboutique eröffnen oder barfuß durch Südamerika trampen.

Einen guten Einblick in den harten Arbeitsalltag dieser Studenten vermittelt ein Auszug aus dem Tagebuch eines anonymen Lesers im 27. Semester, den die angesehene studentische Fachzeitschrift „*Die Nickelbrille*" kürzlich veröffentlicht hat. Der Verfasser hatte sich heftig darüber beklagt, daß er als Langzeitstudent wider Willen ständig in einen Topf mit den Mitgliedern der berüchtigten Biertrinker-Sektion des Weltbundes der Senior-Studenten geworfen werde. Um das Seine zum geforderten Bewußtseinswandel beizutragen, hatte er der Redaktion einen Tagebuchauszug zur Verfügung gestellt, der eine ganz normale Arbeitswoche reflektiert und in

der Tat ein beeindruckendes Zeugnis von einem harten und trostlosen Studentendasein gibt, in dem Tatkraft und Optimismus trotz ständiger Rückschläge niemals versiegen:

Montag

Als ich heute zum ersten Mal seit meinem Karibikurlaub zum Essen an die Uni ging, erfuhr ich von meiner Tischnachbarin, einer attraktiven Slowenin, deren Telefonnummer ich mir sofort notiert habe, zufällig, daß das Semester bereits vor vier Wochen begonnen hat. Ich konnte nur noch fluchen. Es ist immer dasselbe in Frankfurt. Nie erfährt man etwas. Immer fangen sie ohne einen an.
Zu Hause angekommen, beschloß ich, das Beste aus der Situation zu machen und dieses Semester ganz dem Erwerb von außerfachlichen Qualifikationen zu widmen. Kenntnisse in wichtigen Handelssprachen beispielsweise sind für uns BWL-Studenten sehr wichtig. Ich glaube, Slowenisch ist eine wichtige Handelssprache.

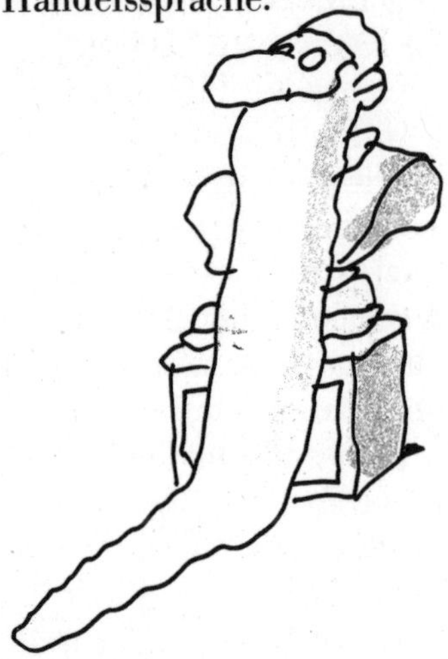

Dienstag

Der Slowenisch-Kurs, den ich heute im Sprachzentrum der Uni besucht habe, war ziemlich öde. Anfangs war es zwar sehr lustig, weil dem Dozenten dauernd ein Hemdzipfel aus der Hose guckte, was uns sehr zum Lachen brachte. Dann aber begann der Kerl plötzlich in einer fremden Sprache daherzureden, die ich nicht kannte. Als mir schließlich der Kragen platzte, und ich den Burschen scharf darauf hinwies, daß wir hier in Deutschland seien, er sich also durchaus auch der deutschen Sprache bedienen könne, redete er sich frech heraus, er tue nichts anderes als slowenisch sprechen, was in einem Slowenisch-Kurs für Fortgeschrittene schließlich didaktisch unerläßlich sei. Didaktisch unerläßlich. Daß ich nicht lache. Und wie soll ich eine Sprache lernen, wenn ich sie nicht verstehe, Herr Supergeneraloberdidakt?

Mittwoch

Nachdem das Projekt „Außerfachliche Qualifikation" am Dilettantismus des hiesigen Personals gescheitert ist, werde ich wenigstens versuchen, in den verbleibenden Semesterwochen tüchtig Geld zu verdienen, um dann in Zukunft um so zügiger studieren zu können.
Als ich am Morgen zur studentischen Arbeitsvermittlung ging, passierte dann allerdings der Witz des Tages. Der Arbeitsvermittler, ein langer Kaspar mit dünnem Backenbart, bot mir Jobs an wie Aushilfe in einer Großwäscherei, Ausfuhrtätigkeit für eine Bäckerei oder Mitarbeit in einer Möbelspedition. Ich lachte den peinlichen Wicht nur tüchtig aus. **Bin ich Möbelpacker oder Intellektueller?**
Den Nachmittag über habe ich dann ein Drehbuch verfaßt, von dem ich mir ein gutes Honorar verspreche. Der Titel: *„Goethe in der Frisco-Bay"* – ein packender Thriller um eine gefährliche Geheimmission des bekannten deutschen Komponisten.

Donnerstag

Der Redakteur des Hessischen Rundfunks, dem ich das Drehbuch vorgelegt habe, meinte, der Text sei noch nicht ganz ausgereift. Wesentliche Momente der Darstellung müßten noch einmal auf ihre historische Glaubwürdigkeit hin überprüft werden. So zweifle er daran, daß das Publikum bereit sei, sich vorzustellen, daß Goethe, der übrigens hauptsächlich gedichtet und nur sehr wenig komponiert habe, mit einer Maschine der sowjetischen Aeroflot nach San Francisco geflogen sei, um dort im Auftrag des CIA einen mongolischen Callgirl-Ring auszuheben. Zudem sei das Drehbuch mit eineinhalb Seiten auch ein wenig zu kurz für einen abendfüllenden Krimi. Am besten wäre es, ich würde den Text noch einmal von einem erfahrenen Autor überarbeiten lassen. Er empfehle mir Alexandre Dumas oder Edgar Allan Poe.
Alexandre Dumas oder Edgar Allan Poe. Ha ha ha. Sehr komisch. Als ob ich nicht wüßte, daß die beiden Stürmerstars von Real Madrid komplette Ananphabeten sind.

Freitag

Gegen elf Uhr morgens – ich sortierte gerade meine beiden BWL-Scheine – rief Mario an und fragte, ob ich nicht Lust hätte, am Nachmittag gegen die Musikdozenten Fußball zu spielen. Einzige Bedingung wäre, daß ich für Musikwissenschaft eingeschrieben sei.
Ich spürte sofort, daß dies ein Wink des Schicksals war. Seit Jahren schon hatte ich darunter gelitten, daß das BWL-Studium der schöpferischen Weite meines Geistes nicht entsprach. Und gerade für Musik empfand ich, wie mir plötzlich be-

wußt wurde, seit langem eine stille Leidenschaft. Und außerdem wollte ich endlich einmal wieder eine schmutzige Lederkugel ins Netz dreschen. Das gab den Ausschlag. Im Studentensekretariat erlebte ich dann eine freudige Überraschung. Aus den dortigen Unterlagen ging eindeutig hervor, daß ich zu Beginn der achtziger Jahre schon einmal für zwei Jahre Musikwissenschaft studiert habe. Um so besser. So verfüge ich also bereits über hohes Fachwissen und kann mir die Einführungsveranstaltungen komplett sparen.

Der Aktivist

Jener Studententyp, der das Bild des Studenten in der Öffentlichkeit nächst dem Ewigen Studenten am stärksten geprägt hat, ist der Aktivist. Regelrechte Berühmtheit erlangte er in den späten sechziger Jahren, als er in uniformierten Trupps (Dienstkleidung: Jeanshose, lange Haare, Vollbart) durch die Straßen zog und für eine bessere Welt kämpfte, indem er Steine auf Polizisten warf

oder Schaufensterscheiben einschlug.
Mittlerweile ist dieser Typ von Aktivist an den Unis eher selten geworden. **Quantitativ überwiegt heute der Jungpolitiker, der mit kühlem Kopf Ämter ausübt und nach seinem Examen entweder Bundeskanzler, Bundespräsident oder UNO-Generalsekretär werden will.** Aber natürlich heißt das nicht, daß es ihn nicht mehr gibt, jenen großen Visionär der Revolution, der Weltverbesserung und der Farbbeutel. Vielmehr finden sich in nahezu jedem ASTA noch einige wenige Exemplare dieses Paradeaktivisten, dessen Energie und Einsatzwillen in der westlichen Hochschulwelt noch immer unerreicht sind. Geändert hat sich allerdings der Alltag dieses 24-Stunden-Kämpfers, der heute viel trostloser ist als zu seiner Geburtszeit Ende der sechziger Jahre. Bei einer normalen Wald- und Wiesen-Revolutionärin sieht er etwa wie folgt aus:

10.00–10.30 Uhr: Busfahrt zur Uni. Habe versucht, die übrigen Fahrgäste mit einer Rede über die Wachstumsgrenzen des Kapitalismus für globale Problemzusammenhänge zu sensibilisieren. Schließlich allein im Bus gesessen.

10.30–11.30 Uhr: Jour fixe im ASTA-Büro. Aufstellung, Festlegung und anschließende Verwerfung der Aktionsschwerpunkte des Tages.

13.00–16.00 Uhr: Im ASTA-Raum erneut über das Aktionsprogramm des Tages debattiert. Ein bereits beinahe fertiggestelltes Communiqué über die katastrophale Lebenssituation der Studenten als zu leichtgewichtig empfunden und verworfen.

11.30–13.00 Uhr: Mensabesuch – zähes Steak mit wäßrigen Nudeln. Widerlich. Habe sofort versucht, alle Essenden zu einem Protestmarsch gegen die ausbeuterischen Ernährungsverhältnisse an unseren Universitäten zu vereinen. Auf breites Desinteresse gestoßen.

Schließlich eine Resolution verabschiedet, in der die Univerwaltung umgehend aufgefordert wird, dem ASTA eine weitere Kaffeemaschine zu bewilligen.

16.00–17.00 Uhr: Kurzfristig auf einen rassistischen Gastvortrag mit

dem Titel „Schwarzarbeiter schaden unserer Volkswirtschaft" aufmerksam geworden. Während der Umfrage Flugblätter gegen die Diskriminierung von Schwarzen in unseren Vorlesungen verteilt. Zuletzt von zwei Saalordnern aus dem Hörsaal getragen worden.

17.00–17.30 Uhr: Die Saalordner über das Maß ihrer Versklavung aufgeklärt und zum Umsturz der Uni-Verwaltung aufgefordert. Anschließend versucht, einen gerade vorbeigehenden Trupp Mensafrauen zu revolutionieren.

17.30–18.00 Uhr: Im Bus beim Schwarzfahren erwischt worden. Vergeblicher Appell an den Kontrolleur zur sofortigen Arbeitsniederlegung wegen der skandalösen Dritte-Welt-Politik der Bundesregierung.

18.00–19.00 Uhr: Abendessen mit meinen WG-Genossen. Dabei einmal mehr über den günstigsten Termin der Weltrevolution debattiert.

19.00–20.00 Uhr: Intensive Diskussion mit WG-Genossin Ulla über das Erfordernis einer turnusmäßigen Rotation des

Geschirrspülmandats. Keinen Konsens erzielt. Am Ende mit Schienbeintritten und Magenhieben argumentiert.

20.00–21.00 Uhr: Scharfe Protestnote verfaßt, die ich meinen WG-Genossen morgen überreichen werde. Darin Ulla als „rücksichtslose, hysterische Ziege" bezeichnet.

21.00–24.00 Uhr: Lange Debatte mit Stefan darüber, ob Kerzenschein und Räucherstäbchen politischen Kampfgeist und revolutionäre Gesinnung schwächen. Schließlich Kompromißlösung gefunden: keine Räucherstäbchen, aber Klaviermusik. Zu müde gewesen, um Kompromiß noch zu verwirklichen.

Die Emanze

Kämpft der Aktivist für eine bessere Welt, so kämpft die Emanze (nicht zu verwechseln mit der emanzipierten Frau!) für die Abschaffung des Mannes. **Wirkliche Emanzen sind auch an den Hochschulen relativ selten, was aber niemandem auffällt, da jede von ihnen ständig in Betrieb ist.**

In den meisten Hochschulen sind sie in Form eines (autonomen) Frauenreferats organisiert, das in Räumen lebt, die noch nie ein männliches Wesen betreten und als solches wieder verlassen haben dürfte. Bekannt geworden sind lediglich die Fälle einiger Briefträger, die in grenzenloser Einfalt die Referatsräume be-

traten, um Einschreiben zuzustellen. Heute verdienen sie ihren Lebensunterhalt auf St. Pauli – als beliebte Transsexuellen-Tanzgruppe „Die fünf Castrieros".
Angesichts dieses mehr als dürftigen Informationsstandes verwundert es nicht, daß das Geschehen hinter den Türen mit dem lila Frauenzeichen Gegenstand zahlloser Legenden ist.

Ich muß gestehen: Auch mir ist es bei meinen umfangreichen Recherchen zu diesem Kapitel nicht gelungen, den Schleier des Geheimnisses, der über den Frauenreferaten liegt, zu lüften. Allerdings – und darauf bin ich nicht wenig stolz – ist es mir gelungen, in den Besitz eines kostbaren Dokuments zu gelangen, das noch kein Männerauge je gesehen haben dürfte. Es trägt den Titel *„Die Zehn Gebote einer Emanze"* und entfiel eines Tages der Handtasche einer Kommi-

litonin, die gerade in kühnem Kampfsprung einen Aushang mit dem Bild von John Wayne attackierte. Dieses Dokument wird vielleicht in ferner Zukunft einmal dazu beitragen, unser gesamtes Denken über die Emanze zu revolutionieren. Immerhin läßt es die Deutung zu, daß es sich bei den Frauenreferaten nicht, wie bisher vielfach in Männerkreisen angenommen, um eine bloße Ansammlung von zickigen Hühnern oder hysterischen Gänsen handelt, sondern um eine streng disziplinierte religiöse Sekte. Wie auch immer – folgende „Zehn Gebote" bilden also das sittliche Gerüst unserer Uni-Emanzen:

1. Du sollst jeden Mann als Deinen persönlichen Feind betrachten.
2. Du sollst jede Woche die neue Emma lesen.
3. Du sollst jede geschlechtsspezifische Ungleichbehandlung mit Leib und Seele bekämpfen, ausgenommen, sie geht zu Lasten des Mannes.
4. Du sollst Frauen, die sich ein Kind wünschen und es auch noch selbst auf-

ziehen wollen, bei jeder Gelegenheit als dummes Heimchen diffamieren, das sich von einem Mann zur Zuchtgans degradieren läßt.

5. Du sollst jede Woche mindestens einmal Flugblätter in der Mensa verteilen, über die jeder normale Mensch nur den Kopf schüttelt.
6. Du sollst Dich in jeder Diskussionsveranstaltung so benehmen, als wärst Du die einzig Sehende unter Blinden.
7. Du sollst jeder Studentin, die anderer Meinung ist, permanent ins Wort fallen und ihr, wenn das nichts hilft, mit Deinen Fingernägeln eine Laufmasche in die Strumpfhose kratzen.
8. Du sollst nicht begehren Deiner Nächsten Lippenstift.
9. Du sollst Dir jeden Tag eine neue haarsträubende Geschichte über die Diskriminierung der Frau im Unialltag ausdenken und sie dann rasch weitererzählen, denn Du kannst nie wissen, ob sie nicht doch stimmt.
10. Du sollst bei jedem Redeauftritt ein Zitat des Uni-Rektors durch Kürzungen so entstellen, daß der Eindruck entsteht, er trete für die sofortige Versklavung der Frau ein. (Beispiel: Der Uni-Rektor: „Wer sagt, die Frau taugt nur als Hausfrau und Gebärmaschine, redet schändlich." Korrekte Zitat-Wiedergabe: Uni-Rektor: „(...) die Frau taugt nur als Hausfrau und Gebärmaschine (...)".

Der Coole

Coole Studenten unterscheiden sich von anderen Studenten darin, daß sie nach eigenem Bekunden niemals mehr als drei Stunden vor Klausuren oder anderen Prüfungen lernen, Hausarbeiten an zwei Nachmittagen verfassen, beim Referieren nicht aufgeregter sind als beim Schlafen und sich über schlechte Noten nicht im mindesten ärgern, sondern sie im großen und ganzen eher spaßig finden. Trotz ihres geringen Arbeitseinsatzes und überlegenen Gleichmutes erzielen sie aber im Durchschnitt keine schlechteren Prüfungsergebnisse als andere Studenten, was um so bemerkenswerter ist, als es sich bei ihnen – Selbsteinschätzungen zufolge – nicht um Genies, sondern um normale Sterbliche handelt.

Für lebensunerfahrene Studienanfänger, denen das Dasein der coolen Studenten nun wie die Erfüllung all ihrer Träume vorkommen mag, sei hinzugefügt, daß die Zahl der Magengeschwüre, Herzinfarkte und Nervenzusammenbrüche in keiner anderen Studentengruppe auch nur annähernd so groß ist wie unter den Coolen. Dr. Volkmar Schwatzmaus, früherer Vereinsarzt der Berliner Studentenorganisation „Club der Coolen", in der nur Mitglied werden kann, wer eidesstattlich versichert, daß ihn das Studium nicht mehr Mühe kostet als ein Spaziergang zum Brandenburger Tor und wieder zurück, erklärte unlängst in einer Fernsehsendung, warum: **„Coolsein gehört zu den härtesten Strapazen,**

„Die Zahl der Magengeschwüre, Herzinfarkte und Nervenzusammenbrüche ist in keiner anderen Studentengruppe auch nur annähernd so groß wie unter den Coolen."

denen sich ein Student überhaupt unterziehen kann. Denn einerseits muß der coole Student ständiges Nichtstun und permanente Gelassenheit vorspiegeln. Andererseits muß er – will er kein ewiger Student werden, eine Vorstellung, die seinem geltungssüchtigen Wesen zutiefst widerspräche – mehr arbeiten als andere, da er – ich sage das nur ungern – meist von eher einfältigem Gemüt ist.

Viele Coole versuchen diesen Zielkonflikt dadurch zu lösen, daß sie sich an keinem Freizeittreff (Schwimmbad, Uni-Kneipe, Cafeteria, Kino, Party usw.) länger als eine Stunde aufhalten und vor jedem Ortswechsel die Toilette aufsuchen, um unbemerkt und mit Alibi noch ein Viertelstündchen Vorlesungen nacharbeiten zu können. Bald jedoch merken sie, daß die wenigen Arbeitsstunden, die sie auf diese Weise zusammenbekommen, nicht genügen, und gehen dazu über, auch die Nachtstunden durchzuarbeiten: bei abgedunkeltem Fenster, unter dem Bett versteckt, im Schein der Leuchtziffern ihrer Armbanduhr.

Zu dieser Zeit haben die meisten von ihnen bereits eine deformierte Wirbelsäule, bedingt durch pausenloses Herumsitzen auf Toiletten. An weiteren Defekten kommen nun bald hinzu: eine allgemeine Sehschwäche, ausgelöst durch ständiges Lesen im Dunkeln, eine allgemeine Hirnschwäche, ausgelöst durch zahlreiche unfreiwillige Kopfstöße gegen das Bettgestell, sowie allgemeine Verhaltensstörungen, ausgelöst durch unentwegten Kontakt mit Spinnen, Motten, Stubenkäfern und Hausmäusen.

Abgesehen von diesen kleineren Mängeln ist der Coole während dieser Phase meist aber noch kerngesund. Das ändert sich erst dann, wenn er eines Tages damit beginnt, gelegentlich sogar bei hellem Tageslicht in seinem Zimmer zu arbeiten, weil auch das bisherige Arbeitspensum nicht ausreicht.
Denn ganz gleich wie robust auch immer seine Psyche ist: **Die ständige Angst, die Türklingel zu überhören und von einem Freund oder Clubkameraden in flagranti erwischt zu werden, richtet ihn früher oder später zugrunde.**
So habe ich Clubmitglieder im fortgeschrittenen Stadium des geistigen und körperlichen Verfalls erlebt, die bei jedem Geräusch, das auch nur im entferntesten an eine Türklingel erinnerte, also etwa beim Surren eines Rasierers oder einer Brotmaschine, egal, wo sie sich

Die erstaunlich hohe Mortalitätsrate veranlaßte den „Club der Coolen" zum Handeln.

befanden, reflexartig damit begannen, in wilder Panik alle herumliegenden Schriftstücke unter ihrem Sessel zu verscharren, alle in Reichweite befindlichen Plattenspieler, Fernseher und Radiorecorder in Betrieb zu setzen, ihre Kleider in alle Himmelsrichtungen zu werfen, verzweifelt nach ihrer Badehose oder Strandbrille zu suchen, und die, im Fall einer ergebnislosen Suche, sogar kurzerhand aus dem Fenster sprangen.
Die Mortalitätsrate war dabei so hoch, daß sich der „Club der Coolen" gezwungen sah, sein nobles Vereinsheim im neunten Stock eines Bürohauses schon bald nach seiner Einweihung gegen eine alte Feldscheune mit glaslosen Fenstern und vorgelagerter Sandgrube einzutauschen."

Der Karrierist

Bietet der coole Student ebenso wie die anderen skizzierten Studententypen noch Ansatzpunkte zu einer differenzierten Betrachtungsweise, so läßt sich der Karrierist getrost als ausschließlich *unsympathisch* bezeichnen. Einem sehr naiven Studentenglauben zufolge erkennt man ihn daran, daß er selbst in normalen Vorlesungen Krawatte, Anzug und Aktenkoffer trägt.
Aus dieser Annahme spricht ungefähr ebensoviel Lebenserfahrung wie aus dem Glauben, daß ein Drittel unserer Frösche verzauberte Prinzen seien. Denn, einmal abgesehen davon, daß es auch weib-

liche Karrieristen gibt, die in den seltensten Fällen Anzug und Krawatte tragen dürften: **Diese weit verbreitete Kleidertheorie ist nichts als ein albernes Vorurteil.**
So kam beispielsweise eine im Auftrag der deutschen Krawattenindustrie durchgeführte Persönlichkeitsanalyse von 200 westfälischen Studenten, die regelmäßig mit Anzug, Krawatte und Aktenkoffer bekleidet waren, unlängst zu folgendem Ergebnis:
- 32% dieser Studenten waren exzentrisch veranlagt und wollten einfach nur auffallen,
- 24% trugen das Sakko und den Aktenkoffer lediglich, um damit ihren Kugelbauch zu verdecken,
- bei 16% handelte es sich um dilettantisch getarnte Versicherungsagenten, die darauf lauerten, unerfahrenen Kommilitonen Policen aufzuschwatzen, die gegen jedes Lebensrisiko absichern, ausgenommen das Risiko der völligen Verarmung durch pausenlos zu zahlende Versicherungsbeiträge,
- 15% lebten bei ihrer Oma und zogen ihr zuliebe immer, wenn sie „zur Universität gingen", ihren guten Konfirmandenanzug an,

- 5% glaubten fest daran, James Bond zu sein,
- und nur 1%, also zwei Studenten, hatten tatsächlich eine leichte bis starke Neigung zum Karrierismus.

Der Untersuchungsleiter prophezeite den beiden in

einer Randnotiz übrigens bestenfalls eine Karriere als Gepäckträger, Teppichklopfer oder Hosenträger. Seine Begründung: Sie würden offensichtlich eines der wichtigsten Karrieregebote überhaupt mißachten: das der perfekten äußerlichen Anpassung an die jeweilige Umgebung. **Ernstzunehmende Karrieristen beherrschen dieses Chamäleonspiel souverän, weswegen es praktisch unmöglich ist, Studenten dieses Typs aufgrund ihrer äußeren Erscheinung zu erkennen.** Letztlich kann nur jeder für sich selbst seine karrieristische Veranlagung prüfen.

Der folgende Test soll dabei eine Hilfe sein:

1. Nächste Woche ist Klausurtermin. Bei der Klausurvorbereitung benötigst Du – wie Deine vierzig Kommilitonen auch – dringend ein im Buchhandel vergriffenes Lehrbuch, das in der Universitätsbibliothek lediglich in zwei Präsenzexemplaren vorhanden ist. Was tust Du?

a) Um nicht eines der Exemplare dauernd in Beschlag zu nehmen, kopierst Du Dir rasch die interessantesten Kapitel. (0 Punkte)
b) Du nimmst eines der beiden Exemplare, läufst mit ihm wahllos einige Korridore nach rechts, dann einige Treppen nach oben und gehst, dort angekommen, solange mit

geschlossenen Augen geradeaus, bis Du an ein Regal stößt. Hier reihst du das Buch ein. Jetzt bist Du der alleinige Benutzer, hä hä. (1 Punkt)

c) Du nimmst eines der beiden Exemplare und reißt alle Dich interessierenden Blätter heraus. Das zweite Exemplar postierst Du als eiserne Reserve an der unter b) beschriebenen Stelle. (2 Punkte)

2. Während einer Klausur bemerkst Du, daß Dein Tischnachbar – ein netter kleiner Kerl, der vor Klausuren stets sehr fleißig lernt, im Moment der Prüfung dann aber regelmäßig so nervös ist, daß er einen totalen Blackout hat – verzweifelte Blicke in Deine Richtung wirft. Wie reagierst Du?

a) Du läßt ihn abschreiben. (0 Punkte)

b) Du schirmst Deine Aufzeichnungen noch besser als bisher mit Ellenbogen und Rücken ab. (1 Punkt)

c) Du läßt ihn abschreiben – aber nicht von Deinen Aufzeichnungen, sondern von einer Mensa-Speiseplan-Kopie, die Du zufällig bei Dir trägst. Der Gedanke, wieder einen Konkurrenten ausgeschaltet zu haben, bereitet Dir ein wohligwarmes Gefühl in der Magengrube. (2 Punkte)

3. In der Stadt wirst Du Zeuge, wie eine buckelige alte Frau, die überraschend von einem Seitenweg auf den Zebrastreifen tritt, einen mit erhöhter Geschwindigkeit fahrenden Professor Deiner Fachrichtung zu einer Vollbremsung zwingt. Wie verhältst Du Dich?

a) Du läufst schnell zur alten Frau und fragst, ob alles in Ordnung sei. (0 Punkte)

b) Du wartest, bis der Professor die Scheibe heruntergedreht hat, und beschwerst Dich dann laut bei den Passanten der Gegenseite über die dreisten Rentner von heute, die nichts Besseres zu tun haben, als die hellsten Köpfe unserer Nation in gefährliche Rettungsaktionen zu verstricken. (1 Punkt)

c) Wie b). Anschließend läufst Du zur alten Frau, entwendest Ihr den Gehstock und treibst sie damit über den Zebrastreifen. (2 Punkte)

4. Für Studentinnen: Du hast eine mündliche Prüfung bei einem Dozenten, der dafür bekannt ist, daß er sich weit mehr für die Beine der Prüfungskandidatinnen interessiert als für ihre Antworten. Was ziehst Du an?

a) Ein vom Boden bis zum Unterkiefer reichendes Kleid aus Eurem Familienbesitz, das zum letzten Mal von Deiner Ururgroßmutter Theodora Margareta anläßlich der Gründung des Sittlichkeitsvereins „Jungfrauenglück" getragen wurde. (0 Punkte)

b) Einen Mini-Rock, der zwar sehr kurz ist, aber durchaus bis auf die Oberschenkel reicht, wenn Du Dich nur weit genug nach vorne beugst. (1 Punkt)

c) Wie b) Zusätzlich ein Oberteil, das so kurz ist,

daß es jedesmal, wenn Du auf eine Frage mit einem energischen Achselzucken antwortest, eine ziemlich pikante Körperstelle freigibt. (2 Punkte)

5. Für Studenten: Was empfindest Du, wenn Du einem nagelneuen Mercedes S 600 oder Porsche 968 gegenüberstehst?

a) Sonstiges. (0 Punkte)

b) Eine unbändige Lust, mit dem Besitzer befreundet, verschwägert oder verheiratet zu sein. (1 Punkt)

c) Den Gedanken, daß alles vergänglich ist, nur Reichtum nicht. (2 Punkte)

Auswertung:
0 Punkte:
keinerlei karrieristische Veranlagung,
über 0 Punkte:
Vize-Direktor von morgen,
über 5 Punkte:
Generaldirektor von morgen,
10 Punkte:
der Pate von morgen

WAS DENN? DEINE SEMESTER ARBEIT IST AUCH NE SOZIOLOGISCHE UNTERSUCHUNG ÜBER STUDENTISCHES FREIZEITVERHALTEN?
GEMÜSE-SUPPE 5.-
GEB. SCHAFS-KÄSE 6.-
VOLLWERT-PFANNE 10.-
Putt

Der Student nach Feierabend

Um allen Mißverständnissen vorzubeugen: **Natürlich gibt es im Alltag eines Studenten keinen gewöhnlichen Feierabend. Niemals würde es ihm einfallen, Punkt halb fünf seine Füße vom Tisch zu nehmen, seinen Kugelschreiber einzustecken, sein Kreuzworträtselheft zuzuklappen, die Bild-Zeitung, das Salzgebäck und die Kaffeekanne wegzuräumen und, voller Sehnsucht nach ein bißchen Ruhe und Entspannung, nach Hause zu Frau (Mann) und Kindern zu eilen.** Denn der Beruf des Studenten kennt wie alle vergleichbaren Berufe (Künstler, Politiker, Stadtstreicher, Wegelagerer usw.) keine geregelten Arbeitszeiten.

Selbstverständlich aber heißt das nicht, daß nicht auch Studenten so etwas wie die Stunden nach der Arbeit kennen. Damit jedoch nicht der falsche Eindruck entsteht, diese „Stunden danach“ würden im arbeitsreichen Leben eines Studenten eine mehr als vernachlässigbare Rolle spielen, ist dieses Kapitel sehr kurz gehalten und beschränkt sich auf eine kurze Erörterung der wichtigsten studentischen Freizeitbeschäftigung überhaupt, der Partnersuche, sowie einen kurzen Gesamtüberblick.

Auf Partnersuche

Wie bereits erwähnt (vgl. S. 26), beginnt die große Mehrzahl der Studenten ihr Studentenleben mit dem entschiedenen Vorsatz, sich von nun an für nichts anderes mehr als für ihr Studium zu interessieren. Insbesondere dem anderen Geschlecht, das sie schon während der Schulzeit wichtige Energien gekostet hat, wollen sie fortan keinerlei Aufmerksamkeit mehr widmen. An diesem unabänderlichen Entschluß halten sie auch tatsächlich eisern fest. Zwei, drei, manchmal sogar fünf Tage. **Dann kommt selbst für den karrierebewußtesten Studenten der Punkt, an dem er sich fragt, ob ein stinknormaler Studienabschluß tatsächlich ein Leben als Mönch oder Nonne voraussetzt und ob sein Keuschheitsgelübde nicht vielleicht ein wenig voreilig war.** Nachdem er beide Fragen ganz im Sinne der Natur beantwortet hat, steht er vor einem neuen

Problem: Er braucht einen Partner.
Nun gibt es drei Möglichkeiten:

a) Du siehst aus wie der junge Paul Newman oder die junge Sophia Loren. Dann rate ich Dir zu folgender Vorgehensweise: Geh während der Mittagszeit durch die vollbesetzte Mensa, begebe Dich anschließend zu Deinem Rad und fahre geradewegs zum Stadtwald. Dort versteckst Du Dich hinter einem dicken Baum.
Aus den ein- bis zweitausend Studenten und Verkehrsteilnehmern, die Dir heimlich gefolgt sind, selektierst Du alle über Achtzigjährigen, alle maskierten Bankräuber und alle Patienten auf Krankenbahren aus. Die verbleibenden Personen bittest Du, in den nächsten acht Tagen ausführliche Bewerbungsunterlagen einzureichen, denen ärztliche Atteste über die Funktionsfähigkeit aller in einer Partnerschaft wichtigen Organe, verschiedene psychologische Gutachten, eine notariell beglaubigte Übersicht über die Einkommens- und Vermögensverhältnisse und – als Zeichen des guten Willens – eine kleine Zuwendung, mindestens aber 1000 DM in bar beiliegen sollten. Vom Erlös der Aktion kaufst Du Dir ein Haus in Hollywood, einen Filmproduzenten und mehrere Filmrollen (aufgepaßt, mehrere Rollen Film sind nicht dasselbe!).
Und was die Sache mit dem Partner angeht, da empfehle ich Dir einen taubstummen Hund oder eine blinde Katze, denn nun bist Du so reich, daß Du keinem Menschen mehr trauen kannst.

„Du verlangst ärztliche Atteste über die Funktionsfähigkeit aller in einer Partnerschaft wichtigen Organe sowie – als Zeichen des guten Willens – mindestens 1000 DM in bar."

b) Du siehst aus wie der späte Heinz Erhardt oder die späte Miss Marple. In diesem Fall gibt es nur einen Rat: Prüfe ernsthaft, ob Dir ein Leben als Mönch oder Nonne nicht doch zusagen könnte.

c) Dein Aussehen ist irgendwo dazwischen einzuordnen. Dann liegen die Dinge anders: Du kannst tausend Wege der Partnersuche einschlagen, von denen garantiert keiner zum Erfolg führt. Denn eine alte Lebenserfahrung besagt:
Einen Partner sucht man nicht, man findet ihn.

Wer gleichwohl dem Finden das Suchen vorzieht, hat an der Uni ein unerschöpfliches Betätigungsfeld in Gestalt der sog. Uni-Feten. Dies gilt vor allem für Männer, denen nach traditionsreicher, aber wenig bewährter Arbeitsteilung zwischen den Geschlechtern bekanntlich die Rolle des Jägers zukommt.
Im Klartext:
Gleich beim Betreten des Fetenraums wirst Du Deine erste große Enttäuschung erleben, mein Junge. **Denn während sich unter den mehreren hundert Besuchern mindestens fünfzig allein umherstehende Männer befinden, finden Deine Augen selbst nach längerem Suchen höchstens drei bis vier Frauen, die nicht in Begleitung sind.** Sie kannst Du übrigens als erstes abschreiben. Denn entweder sprechen sie nur norwegisch oder bulgarisch, oder sie war-

ten auf ihren Freund, einen tobsüchtigen Schwergewichtsboxer, der Nägel mit der Faust in die Wand schlägt und regelmäßig längere Gefängnisstrafen absitzt, weil er alle Männer, die er mit seiner Freundin im Gepräch erwischt, mit einem Riesennagel verwechselt. Bleiben also systematisch betrachtet lediglich zwei Typen von Studentinnen als Zielpunkte einer eventuellen Kontaktaufnahme übrig:

1. Studentinnen, die in Begleitung ihrer Freundinnen da sind.
Völlig zwecklos. Vergiß es total. Wirklich, glaub's mir, es ist das beste für Dich! In 70 Prozent der Fälle wird sich ausschließlich jene Freundin für Dich interessieren, die so aussieht, daß Du sie im Halbdunkel für ein verpacktes Mikrophon oder eine mobile Musikbox gehalten hast. In 29 Prozent der Fälle wird nicht einmal sie sich für Dich interessieren. Und in 1 Prozent der Fälle schließlich handelt es sich um eine Gruppe verkleideter Ordensschwestern, die eigentlich zum großen Preismaskenball der örtlichen Klosterschule wollte, sich aber in der Tür geirrt hat.

2. Studentinnen, die in Begleitung eines „gemischten" Freundeskreises erschienen sind.

Schon interessanter. Allerdings ist eine Annäherung an diese Studentinnen nur dann sinnvoll, wenn drei wichtige Voraussetzungen erfüllt sind:
a) Du bist bereit, Dich lächerlich zu machen,
b) Es macht Dir regelrecht Spaß, Dich lächerlich zu machen,
c) Du kannst gar nicht leben, ohne Dich lächerlich zu machen. Dein Körper braucht das.
Ist auch nur eine dieser drei Vorbedingungen nicht erfüllt, rate ich von einem derartigen Annäherungsversuch entschieden ab. Oder glaubst Du allen Ernstes, eine Studentin würde es wagen, sich vor den Augen ihrer Freunde mit einem Burschen einzulassen, über den sie nichts weiß, nicht einmal, ob er nicht vielleicht in seiner Freizeit am liebsten Katzen schändet, kleine Kinder nach Bangkok verkauft oder – um auch das Schlimmste nicht auszuschließen – höchstens zweimal in der Woche duscht?

Sonstiges

Außer mit dem harten, aber erfolglosen Geschäft der Partnersuche wissen Studenten ihre knapp bemessene Freizeit noch auf andere Weise vielfältig auszufüllen. Einen knappen aber treffenden Überblick gibt der folgende Abschnitt:

Sport:
Studenten sind ein echtes Sportlervolk: Die meisten von ihnen üben mindestens eine Sportart regelmäßig und ein bis zwei andere Sportarten gelegentlich aus. Dabei gilt: Jüngere Studenten bevorzugen bewegungs-

intensive Disziplinen wie Volleyball, Fußball, American Football, Badminton oder Tennis; Senior-Studenten (Studenten über dreißig) hingegen eher ruhigere Sportarten wie Skatspielen, Rumsitzen, Biertrinken oder Durchschlafen.

Kino und Theater:
Kinobesuche sind in Studentenkreisen sehr populär. Auch das Theater ist an den Unis eine beliebte Unterhaltungsform, was schon darin zum Ausdruck kommt, daß viele Studenten selbst gerne Theater machen – etwa dann,

– wenn ein skrupelloser Karrierist das Buch, das sie wochenlang in einem entfernten Winkel der Bibliothek versteckt gehalten haben, entdeckt und es nun seinerseits in einem entfernten Bibliothekswinkel versteckt;
– wenn ein Dozent während einer Klausur Zeuge ihrer Mogelei wird und sich daraufhin nicht etwa für seine Indiskretion entschuldigt, sondern die Klausur beschlagnahmt;

– wenn ein Professor eine Hausarbeit, mit der sie ihm bereits vier Scheine entlockt haben, beim fünften Mal tatsächlich liest und die Ausgabe des Scheins mit der Begründung verweigert, er könne sich nicht erinnern, jemals einen solchen Schundfetzen in den Händen gehabt zu haben.

Kneipe und Pizzeria:
Kneipen sind Einrichtungen, die dem kommunikativen Wesen der Studenten sehr entgegenkommen und deshalb von ihnen immer dann aufgesucht werden, wenn sie Lust auf ein gutes Gespräch bei oder mit einem Glas Bier haben. Tragen Kneipen somit Entscheidendes zum gesunden Sozialleben der Studenten bei, so nehmen Pizzerien im Leben vieler Studenten eine noch bedeutsamere Rolle als unverzichtbare Überlebenshilfe ein (siehe Seite 41).

Heimatbesuch:
Die meisten Studenten besuchen ihre Heimat ausschließlich am Wochenende. Doch gibt es auch immer wieder Studenten, die mitten im größten Studientrubel von einer plötzlichen Woge rührendster Heimatliebe ergriffen werden, die sie zwingt, sich spontan auf den Weg zu ihrem geliebten Elternhaus zu machen. Dabei handelt es sich insbesondere um Studenten, die feststellen,
– daß das einzige saubere Kleidungsstück, das ihnen für den morgigen Tag zur Verfügung steht, ein Strumpf mit sieben Löchern ist;
– daß ihre Brieftasche so leer ist wie ihr Kühlschrank, ihr Kühlschrank so leer wie ihr Magen und ihr Magen so leer wie ihr Kopf, wenn ihnen eine Minute vor dem Ende einer mündlichen Prüfung eine Frage gestellt wird, von der nicht nur das

hat, die bereits in viel geringeren Vergehen – etwa einem unterlassenen Morgengruß oder einem ungebetenen Blick – eine Entehrung sehen, die nur durch Blutrache gesühnt werden kann.

Bestehen der Prüfung, sondern das gesamte Studium, die berufliche Laufbahn, Aussehen, Vermögen und Intelligenzgrad ihres künftigen Ehepartners, die Zahl und Gesundheit ihrer späteren Kinder sowie der weitere Verbleib in der zivilisierten Menschheit überhaupt abhängen;

– daß der iberische Gartenzwerg, den sie am Mittag in der Mensa beiseite gestoßen haben, weil er nicht vorangemacht hat, noch sieben großgewachsene Brüder

Sex:
Studenten sind ausgesprochen tiefgründige Menschen, die es als ihre Pflicht ansehen, alles in ihrer Macht Befindliche für den Fortbestand der Menschheit zu tun. Deshalb veranstalten sie Demonstrationen für den Weltfrieden, kämpfen in engagierten Gruppen gegen die Umweltzerstörung und die Profitgier der Unternehmen und ringen sich in grandioser Selbstverleugnung sogar verwerfliche Taten ab, die ihnen nur Abscheu und Ekel entlocken.

WEISST DU EIGENTLICH, OB DER GEORG DEN ABSPRUNG INZWISCHEN GESCHAFFT HAT?

Das Prüfungssemester

Statistisch gesehen endet jedes Studium einmal – und sei es durch den Tod des Studenten. **Da altersbedingtes Verscheiden jedoch kein gesellschaftlich wünschenswerter Studienabschluß ist, sehen die meisten Studiengänge unter anderem ein Semester vor, daß den Absprung von der Uni erleichtern soll, indem es den Eintritt in das Berufsleben wie die Befreiung von aller Mühsal erscheinen läßt, und Rückfällen vorbeugt, indem es die Erinnerung an die Studienzeit auf Jahre hinaus trübt.** Dieses Semester heißt Prüfungssemester, ist etwa so vergnüglich wie eine Kreuzfahrt durch die Südsee zu Fuß und droht jedem Studenten, der ahnungslos, im kindlichen Glauben, es werde schon alles seine Richtigkeit haben, Schein für Schein sammelt und irgendwann einmal so viele Scheine beisammen hat, daß er sich nicht mehr anders zu helfen weiß als dadurch, daß er einen Großteil von ihnen im zuständigen Prüfungsamt deponiert.
Prüfungssemester sind meist so aufgebaut, daß dem Studenten erst mehrere Monate Gelegenheit gegeben ist, sich selbst zu zermürben (Anfertigung der Abschlußarbeit), damit ihm anschließend um so leichter der endgültige Todesstoß erteilt werden kann (mündliche Prüfung mit anschließender Exmatrikulation).

Die Abschlußarbeit

Durch die Anfertigung einer Abschlußarbeit soll der Student dokumentieren, daß er während des Studiums gelernt hat, einfache Probleme seines Fachgebietes ohne fremdes Zutun in allgemein unverständlicher Sprache zu verwissenschaftlichen. Oder so ähnlich.

Während manche Studenten in ihrer Abschlußarbeit (Diplom-, Examens- oder Magisterarbeit) die literarische Aufgabe ihres Lebens sehen, die mit ungeheurem Ernst über Monate hinweg vorbereitet werden muß, sehen andere in ihr nichts weiter als eine große Hausarbeit. Zumindest in einer Hinsicht trifft diese Sichtweise den Nagel auf den Kopf: **Die Anfertigung einer Hausarbeit ist eine kleine Qual, die Anfertigung einer Abschlußarbeit eine große Qual.**
Dies gilt allerdings nicht notwendigerweise auch für jene Studenten, die sie als dankbare Gelegenheit auffassen, ihr geistiges Raffinement und ihre Eignung für den angestrebten Beruf unter Beweis zu stellen. Insbeson-

dere dann nicht, wenn der von ihnen angestrebte Beruf vor allem Kenntnisse im Lügen, Betrügen und Verschaukeln verlangt und der betreuende Professor eine Fakultät vertritt, der so viele Studenten angehören, daß die Wahrscheinlichkeit größer ist, eine Stubenfliege persönlich zu kennen als einen Studenten.

Denn Studenten, bei denen diese Tatbestände erfüllt sind, verzichten gelegentlich auf die Anfertigung eines eigenen Manuskripts und reichen statt dessen Lizenzausgaben ein, d.h. Arbeiten, die von anderen verfaßt wurden und sich womöglich in der Prüfungspraxis bereits bewährt haben. Dies ist deshalb möglich, weil die wenigsten in Massenstudiengängen beschäftigten Professoren heute noch die Bereitschaft zeigen, die Woche für Woche handkarrenweise bei ihnen abgeladenen Abschlußarbeiten auch tatsächlich zu lesen. **Vielmehr gilt es schon als hohe Auszeichnung, wenn sie einer Arbeit wenigstens so viel Aufmerksamkeit zukommen lassen, daß sie sie als Frühstücksbrett oder Fliegenpatsche benutzen.**

So kommt es vor, daß manche Abschlußarbeiten zahlreiche Neuauflagen erzielen, wobei Texte verstorbener

Autoren wegen der oft günstigen urheberrechtlichen Situation besonders populär sind. Beispielhaft verwiesen sei in diesem Zusammenhang auf die Abschlußarbeit des Königsberger Ökonomiestudenten Friedrich Ottokar Wenzel:

Wenzel reichte seine Abschlußarbeit im Januar 1881 unter dem Titel *„Die deutsche Sozialpolitik seit 1880“* an der Universität Greifswald ein und erntete für sein 500 Seiten dickes Werk so viel Spott und Verachtung, daß er noch am selben Abend mit der Kutsche nach Hamburg und von dort aus mit dem Schiff nach Amerika floh. Entscheidend für das ebenso späte wie erfolgreiche Comeback dieser Arbeit – sie „erspielte“ in den siebziger und achtziger Jahren dieses Jahrhunderts in den sozialwissenschaftlichen Fakultäten der Bundesrepublik insgesamt 103 Diplom-, 87 Magister- und 25 Doktortitel – war einerseits ihr Umfang, der jeden Professor davor zurückschrecken ließ, diesen Mammuttext auch nur in die Hand zu nehmen, also stets die Bestnote garantierte, andererseits das völlige Fehlen von Urheberrechten:

Wenzels Arbeit „erspielte“ in den siebziger und achtziger Jahren dieses Jahrhunderts in den sozialwissenschaftlichen Fakultäten der Bundesrepublik insgesamt 103 Diplom-, 87 Magister- und 25 Doktortitel.

Friedrich Ottokar Wenzel selbst war, wie erwähnt, im Januar 1881 nach Amerika entflohen, wo er nur zwei Tage nach seiner Ankunft von Billy the Kid erschossen wurde. Seine Schwester Klara wurde durch Friedrichs Versagen und die damit verbundene gesellschaftliche Ächtung in den Wahnsinn getrieben und starb wenige Monate später in einer Spezialklinik an allgemeiner Verstandesschwäche. Sein einziger Onkel, Wilhelm Rudolph Wenzel, der bis dahin ohnehin schon enthaltsam wie ein Mönch gelebt hatte, zog sich voller Gram über das wirre Treiben der Welt im allgemeinen und seines depperten Neffen im besonderen in ein Kloster zurück, wo er zwei Jahrzehnte später alt und verbittert starb. Friedrichs einziger Großcousin, Heinrich von Ritterswalde, wiederum wurde 1888 im Alter von zwölf Jahren in Stuttgart auf offener Straße von Gottlieb Daimler überfahren, der gerade ein neu konstruiertes Automobil ohne Bremsen erprobte. Und der letzte potentielle Erbe des Urheberrechts, Wenzels Hund, Beppo Wenzel (gebürtiger Beppo von Hohenstaufen), wurde durch die plötzliche Emigration seines Herrchens in so tiefe Depressionen gestürzt, daß er fortan keine Hündin mehr ansah und eines kalten Wintermorgens sogar tot aufgefunden wurde – im Innern seiner Hundehütte, erhängt an seinem Halsband …

Es dauerte bis zum 7. Mai 1991, ehe der beispiellose posthume akademische Triumphzug des Wenzel-Textes gestoppt wurde. An diesem Tag nämlich geschah folgendes: Die inzwischen zum 216.mal eingereichte Arbeit fiel einem arbeitslosen habilitierten Soziologen, der sich seinen Lebensunterhalt als Putzfrau verdiente, bei der Säuberung eines Professorenzimmers versehentlich aus dem Regal, und zwar so, daß sie auf dem Boden

Eine habilitierte Putzfrau beendete den beispiellosen Triumphzug der Wenzel-Arbeit.

aufklappte. Die altdeutsche Schrift und die Widmung *„Dem großartigsten Führer des Deutschen Volkes, seiner Majestät Friedrich Wilhelm I., dem Schöpfer des Zweiten Deutschen Reiches und Sieger über die Franzosen"* erweckten das Mißtrauen der habilitierten Putzfrau und bewegten sie dazu, sofort das örtliche Prüfungsamt zu benachrichtigen.

Dieses erkannte die Dimension des Skandals sofort und beschloß, um seinen Ruf und den des beteiligten Professors zu schützen, diesmal zwar noch ein Auge zuzudrücken und den bereits vergebenen Doktortitel nicht anzufechten, **schickte aber noch am selben Tag ein anonymes Schreiben an die Westdeutsche Rektorenkonferenz, die den Titel sofort auf den Index setzte.** Damit erlebte der unvergleichliche Triumphzug einer Abschlußarbeit, für die sich schon verschiedene bekannte Großverlage zu interessieren begannen, sein jähes Ende.

Studenten hingegen, die ihr Studium mit einer selbst verfaßten Abschlußarbeit beenden wollen, tun gut daran, sich frühzeitig mit der Tatsache vertraut zu machen, daß sie sich damit zugleich dazu entschlossen haben, für lange Zeit den Kreis der zufriedenen Menschen zu verlassen. Denn egal, ob sie eine empirische oder eine Literaturarbeit schreiben wollen, ganz gleich auch, wie ihre Arbeit konzipiert ist, ihre Anfertigung wird zwangsläufig einem Lehrgang mit den Fächern *„Resignieren, aber Ausharren"*, *„Verzweifeln, aber Weitermachen"*, *„Durchdrehen, aber Durchhalten"* sowie *„Den Verstand verlieren, aber das Diplom gewinnen"* gleichkommen. Konzep-

tionsabhängig sind lediglich die Reaktionen des Körpers auf die permanenten Seelenqualen.

So überwiegen bei empirischen Arbeiten eindeutig schwerwiegende Nervenzusammenbrüche, die durch das pausenlose Mißlingen aller Unternehmungen ausgelöst werden. Beispielsweise ist es ein ehernes Gesetz, daß Examenskandidaten

- bei Fragebogenaktionen stets dann weite Teile des Rücklaufs im Briefkasten finden, wenn sie nach monatelangem vergeblichen Warten eben aus dem Prüfungsamt zurückkommen, wo sie, auch auf die Gefahr einer späteren Verhaftung hin, so lange mit ihrer Fahrradpumpe auf den zuständigen Beamten eingedroschen haben, bis er einen nachträglichen Themenwechsel erlaubt hat,
- bei chemischen oder physikalischen Experimenten nur mit solchen Substanzen oder Gegenständen zu tun haben, die hochgradig fußkrank sind oder aus sonstigen Gründen jede Form von Bewegung verabscheuen oder aber Moleküle aus den Leichnamen verstorbener Schwerstverbrecher enthalten und daher ausschließlich gesetzeswidrig reagieren,
- im Rahmen von verhaltenswissenschaftlichen Tierversuchen nur Mäuse und Ratten in die Hände geraten;

die an gravierenden Verhaltensstörungen leiden,
- in Archiven nur auf Dokumente stoßen, die entweder vollkommen uninteressant oder vollkommen unleserlich sind oder im Moment des Entdecktwerdens gerade zu Staub zerfallen.

Bei den Literaturarbeiten dominieren demgegenüber Wirbelsäulendeformationen in Verbindung mit schweren Hautabschürfungen sowie leichte Formen von Erblindung. Diese Schäden rühren daher, daß jeder gesunde Student, der eine Literaturarbeit schreibt, spätestens nach zwei Wochen die Beobachtung macht, daß ihn das Thema der Arbeit schon seit langem nicht mehr im mindesten interessiert. Da er jedoch weiß, daß der Text nach Ablauf der gesetzten Frist fertiggestellt sein muß, wird er sich dazu zwingen, sein Zimmer während der selbst gesetzten Arbeitszeiten nicht zu verlassen. Lediglich inhäusige spontane Arbeitsunterbrechungen von kurzer Dauer wird er sich mit Blick auf seine beschränkte Konzentrationsfähigkeit erlauben.

Pflichtbewußte Naturen freilich werden sich auch solche Pausen nur unter der Maßgabe gestatten, daß sie zur Erledigung unerläßlicher Nebenarbeiten, z.B. zum Putzen, genutzt werden. **Das hat zur Folge, daß viele Studenten während der Anfertigung ihrer Diplomarbeit in einen geradezu abgründigen Putzrausch geraten.** Tagaus, tagein robben sie unaufhörlich mit Putztuch und Scheuerlappen durch ihre Wohnung und strecken ihre Kampfwaffen nicht eher, bis ihre Knie- und Handflächen durchgescheuert sind und

ihr Kreuz so schmerzt, als säße Hella von Sinnen persönlich darauf.
In Krankenhauskreisen ist es längst kein Geheimnis mehr, daß die meisten Operationssäle gegenüber den keimfreien Zimmern, in denen Literaturarbeiten verfaßt werden, regelrechte Zuchtstätten für Bakterien sind. Erste Versuche fortschrittlicher Privatkliniken, besonders schwierige Operationen in Zimmer von Examenskandidaten zu verlegen, scheiterten bislang jedoch stets an der Weigerung der Ärzte, so billige Wohngebiete überhaupt zu betreten.

Weniger pflichtbewußte Kommilitonen hingegen verwenden die Kurzpausen dazu, den Fernseher einzuschalten, um sich schnell einmal über das Programm des Tages zu informieren. Diese Pausengestaltung ist deshalb so beliebt, weil Studenten während der

Prüfungsphase, die ja ganz der Arbeit gewidmet sein soll, aus Prinzip niemals Fernsehprogramme kaufen. Weil jedoch die wenigsten Sender zwischendurch komplette Programmübersichten einblenden, Studenten aber von Natur aus wißbegierig sind und nicht eher ruhen, bis sie auf ihre Fragen eine Antwort erhalten haben, **bleibt ihnen in der Regel keine andere Wahl, als das Programm bis zum nächtlichen Sendeschluß mitzuverfolgen.**
Viele Examenskandidaten machen dabei sehr aufregende Erfahrungen, die ihr Leben auf Monate hinaus prägen werden – etwa die, **daß selbst drei Stunden Testbild noch interessanter sind als zehn Minuten wissenschaftliches Arbeiten.**
Erlebnisse dieser Art haben zur Folge, daß sie das bis dahin meist nicht sonderlich geachtete Kulturmedium Fernsehen nach und nach mit völlig anderen Augen sehen – stark übermüdeten, leicht geröteten und verquollenen Augen, deren Sehkraft sich proportional zur Zahl der verfügbaren Fernsehkanäle und der zurückgelegten Examenszeit verringert.

Die mündliche Prüfung

Hat es der Examenskandidat eines Tages, aus Gründen, die ihm selbst am wenigsten bekannt sind, schließlich doch geschafft, termingemäß eine Abschlußarbeit vorzulegen, stellt sich ihm meist nur noch ein Hindernis auf dem Weg zum akademischen Abschluß: **die mündliche Examensprüfung.** Vielen Studenten flößt dieses Hindernis so viel Furcht ein, daß sie sich gleich nach Abgabe der Arbeit bis zum Prüfungstag in ihrem Zimmer verbarrikadieren, um völlig ungestört lernen zu können. Hinein in ihre Zau-

berkammer lassen sie während dieser Zeit nur Personen, die taubstumm sind oder aus sonstigen Gründen die Gewähr bieten, daß sie sich mucksmäuschenstill verhalten und ihren Mund, wenn überhaupt, nur benutzen werden, um einen neuen Bericht über die aktuelle Stimmungslage der Prüfer abzuliefern.

Nüchtern betrachtet, ist derartiger Lerneifer höchstens in der Hälfte der Fälle angemessen. Bei der anderen Hälfte nämlich besteht die einzig sinnvolle Prüfungsvorbereitung darin, alles zu tun, was die Götter günstig stimmen könnte. Empfohlen werden kann in diesem Zusammenhang beispielsweise folgender Ritus, der speziell auf Personen aus Mitgliedsländern der EU zugeschnitten ist: Der Sünder (d.h. der Student) bringt dem griechischen Gott Zeus, dem mächtigen Herrscher über die Götter und das Weltganze, sowie dem germanischen Gott Gustav, dem Gott des Glücksspiels und der Examenskandidaten, zweimal in der Woche ein geweihtes Tieropfer dar (zur Not genügt ein ausrangierter Teddybär oder eine Stubenfliege). In der übri-

„Hinein in ihre Lernkammer lassen sie während dieser Zeit nur Personen, die taubstumm sind oder aus sonstigen Gründen die Gewähr bieten, daß sie sich mucksmäuschenstill verhalten und ihren Mund, wenn überhaupt, nur benutzen werden, um einen neuen Bericht über die aktuelle Stimmungslage der Prüfer abzuliefern.“

gen Zeit veranstaltet er ein Dauerfest zu Ehren des Bacchus, dem römischen Gott des Weines, der Fruchtbarkeit und der Studienabschlußfeten.

Buhlen und Flehen um die Gunst der Götter ist insofern bei vielen mündlichen Prüfungen die einzig sinnvolle Vorbereitung, weil mindestens jeder zweite Prüfer die in mündlichen Abschlußprüfungen gezeigten Leistungen nach Kriterien bewertet, die bestenfalls dem Himmel bekannt sind.
Solche Kriterien können sein:

- das Maß, in dem die Examenskandidatin dem weiblichen Schönheitsideal entspricht (hohe Entsprechung = gute Note, geringe E. = schlechte Note, sehr geringe E. = durchgefallen; bei weibl. Prüfern umgekehrt!);
- bei Prüfungen, die kurz nach der Mittagspause stattfinden: das Tagesgericht der Mensa (Pommes Frites mit Currywurst = gute Note, Kartoffeln mit Rindsbraten = durchschnittliche Note, Gemüseeintopf = durchgefallen);
- bei imagebedachten Prüfern, die parteipolitisch aktiv sind: Parteibuch des Examenskandidaten (gegnerische Partei = gute Note, parteilos = durchschnittliche Note, selbe Partei, Karteileiche = schlechte Note, selbe Partei, Funktionär = durchgefallen);
- bei kleingewachsenen Prüfern: die Zentimeterzahl, um die die Körperhöhe des Examenskandidaten die Körperhöhe des Prüfers übertrifft (0 cm = gute Note, 1–10 cm = durchgefallen, über 10 cm = durchgefallen und wegen Betrugsversuchs angezeigt);
- der Grad, in dem die Examenskandidatin der

Schwiegermutter des Prüfers ähnlich sieht (sehr geringe Ähnlichkeit = gute Note, geringe Ä. = durchschnittliche Note, hohe Ä. = durchgefallen und davongejagt, zum Verwechseln ähnlich = keine Note, Prüfer entflohen).

Der Abschluß als Abschuß

Die Stunde der Euphorie

Verlief die Prüfung aufgrund der Fürsprache von Zeus, Gustav, Baccus oder einem anderen angerufenen Gott (als sehr einflußreich gelten auch: Sepp, der bayerische Gott des Bieres und des Vollrauschs, sowie Lisbeth, die rheinländische Göttin der Häkelarbeiten und beschriebenen Handflächen) erfolgreich, befindet sich der Student nunmehr für einige Zeit in einem Zustand äußerster Gefährdung. **Denn erfahrungs-**

gemäß verlassen die wenigsten Studenten den Prüfungsraum zu Boden, die meisten schweben. Diese Fortbewegungsweise ist aber dem Menschen nicht zugedacht und selbst für Studenten ungewöhnlich. Verpaßt der Student den rechten Moment der Landung, kommt es nicht selten zu einem schlimmen Absturz. Die städtischen Kneipenbesitzer, die ihre Treppen Nacht für Nacht von den Überresten gefallener Akademiker säubern müssen, wissen davon zu berichten.

Ganz gleich aber, ob Landung oder Absturz – zunächst einmal ist jeder examinierte Student so sehr von Euphorie erfüllt, daß er für Stunden alle seine Hemmungen verliert und sich der Welt von seiner ausgelassensten Seite zeigt. Je nach Charakter und Temperament wird daher seine erste Tat nach Verlassen des Prüfungsraums darin bestehen,

- zur Telefonzelle zu gehen, um seine Mutter zu fragen, ob er heute ausnahmsweise einmal bis halb elf aufbleiben darf, weil er mit ein paar Freunden am Abend noch eine heiße Schokolade trinken gehen will (Typ *„Das brave Kläuschen“*);

- ein Telegramm aufzugeben, in dem er seine Oma, die ihm 10 000 DM für das Examen versprochen hat, unmißverständlich auffordert, das Geld

binnen acht Tagen auf sein Konto zu überweisen, und ihr für den Fall einer nicht termingerechten Leistungserbringung gerichtliche Schritte androht (Typ *„Justitiar des Ortsverbandes der Wohnungsvermieter"*);

- zur Bank zu eilen, zur Feier des Tages einen großen Geldbetrag abzuheben und einen zwanglosen Einkaufsbummel ohne besondere Kaufabsichten zu unternehmen, der exakt zum Kauf so vieler Kleider führt, daß gerade noch 2 DM für die Busrückfahrkarte verbleiben (Typ *„Normale deutsche Frau"*);
- den Fachschaftsraum aufzusuchen, um dem Fachschaftshäuptling, für den er sechs Jahre hindurch unentgeltlich Seminararbeiten geschrieben, geputzt, gewaschen, gebügelt sowie Freundinnen abgetreten hat, endlich einmal seine Meinung zu sagen oder ihn, falls der Bursche gerade keine Zeit hat, wenigstens um zwei Tage Urlaub zu bitten (Typ *„Der ewige Willi"*);
- die erstbeste Putzfrau, die ihm über den Weg läuft, in den Hintern zu kneifen und dafür eine Ohrfeige zu kassieren, die ihn dermaßen gegen die Wand klatscht, daß er sich aus eigener Kraft nicht mehr freischaben kann (Typ *„James Bond vom Lande"*).

Der Absolvent als Heimatvertriebener

Erfahrungsgemäß ist die Euphorie nach dem Examen jedoch nur von kurzer Dauer und weicht spätestens bei Empfang des Gratulationsschreibens des Studentensekretariats einer großen Leere. Dieses Schreiben stellt nämlich eine Art Einberufungsbescheid dar. Es enthält explizit die Bitte um Exmatrikulation und damit implizit die Aufforderung zur baldigen Eingliederung in das Heer der Berufstätigen und Arbeitspflichtigen.
Für die meisten Studenten bedeutet es einen Schock, der demjenigen eines Bergarbeiters entspricht, der nach vierzig Jahren selbstloser Maloche zum Wohle seines Landes freudig zur Bank eilt, um seine erste Rentenzahlung in Empfang zu nehmen und dort nie-

manden antrifft außer einem schwarzen Kapuzenmann mit einer Sense. **Es fällt ihnen schwer zu begreifen, daß sie jetzt, nachdem sie an der Uni endlich einmal nichts mehr zu tun hätten, fort sollen in eine fremde, ihnen unbekannte Welt, in der es weder Semesterferien noch ausgefallene Vorlesungen und Freistunden gibt und in der die Menschen um sechs Uhr nicht etwa schlafen gehen, sondern aufstehen.**

So überrascht es nicht, daß viele Absolventen verzweifelt nach Wegen suchen, ihren Aufenthalt an der Hochschule zu verlängern. Dabei stoßen sie vor allem auf drei Möglichkeiten:

a) Beginn eines Zweitstudiums
Diese Möglichkeit kann, da ein Zweitstudium üblicherweise ebensolange dauert wie ein Erststudium, vorbehaltlos nur zwei Gruppen von Absolventen empfohlen werden: Absolventen, die nicht älter als neunzehn oder nicht jünger als fünfundsechzig sind, und Absolventen, die Soziologie studiert haben. Letzteren kann im Grunde alles empfohlen werden, da sie, so wie sie sind, nach Meinung deutscher Personalchefs sowieso bestenfalls dazu taugen, zum Steineklopfen auf den Mond oder zu Kehr- und Säuberungsarbeiten auf die Milchstraße geschossen zu werden.

b) Beginn eines Aufbaustudiums
Aufbaustudiengänge richten sich speziell an Akademiker, die – im Anschluß an ihr Studium – noch eine zwei- bis dreijährige Zusatzausbildung für ein bestimmtes Praxisfeld absolvieren wollen. Galten sie vor nicht allzu ferner Zeit

noch als Exotikum, gibt es heute landesweit eine Vielzahl von Aufbaustudiengängen, die auf nahezu jedes für Akademiker interessante Tätigkeitsfeld vorbereiten (angefangen von der Ausbildung zum Blumenverkäufer, Taxifahrer oder Entendompteur bis hin zur Ausbildung zum Showstar, Firmenerbe oder Bundespräsidenten). Der Nutzen dieser Zusatzausbildungen für die Studenten ist umstritten, ihr Nutzen für das beteiligte Personal nicht.

c) Beginn einer Promotion
Das ist ein Kapitel für sich.

Die Promotion als Rettungsanker

Schon während der ersten Semester liebäugeln viele Studenten mit dem Gedanken, ihr Studium um eine Promotion zu ergänzen. Die Vorstellung, von jedem mit „Herr (Frau) Doktor" angeredet zu werden, ein hohes Tier in Wirtschaft, Verwaltung oder Politik zu sein, einen Wagen mit Chauffeur zu fahren, täglich mehrere Heiratsangebote von Müttern zu erhalten, die ihre Töchter (ihre Söhne) nur an Personen aus bestem Hause vergeben wollen, und auf dem Land sogar hin und wieder für einen Arzt gehalten zu werden, erscheint ihnen ausgesprochen reizvoll. **Nach dem Studium kommt bei vielen als weiteres Motiv für eine Verlängerung ihrer Uni-Zeit die Furcht vor geregelten Arbeitszeiten, vor**

frühem Aufstehen und dem ersten Herzinfarkt hinzu.

Zeugt diese letztgenannte Überlegung durchaus von einer gewissen Lebenserfahrung, so weist der erste Gedanke eher auf ein bemerkenswertes Talent hin, Familienserien für das deutsche Fernsehen zu schreiben. Diese Begabung aber sollte unbedingt gepflegt und nicht durch unnötige Kontakte mit der Wirklichkeit, wie sie eine Promotion zwangsläufig mit sich bringt, gefährdet werden. Anders gesagt: **Eine Promotion ist heutzutage ein nicht enden wollender Marsch durch ein Tal der Tränen, an dessen Ende womöglich nichts anderes wartet als der totale Abgrund.** Aller Erfahrung nach kann sie daher nur Personen empfohlen werden, die über ein unerschöpfliches Reservoir an Lebensfreude verfügen. Besonders wichtig sind im einzelnen:

Die Freude an sinnloser Arbeit

Eines der hervorstechendsten Merkmale heutiger Dissertationen ist ihre Überflüssigkeit. Denn zumindest für den großen Bereich der Geisteswissenschaften gilt: **Alle wichtigen Fragen sind längst erforscht,**

und alle unwichtigen Fragen werden gerade im Rahmen von Habilitationen bearbeitet. So kommt es, daß die praktische Relevanz heutiger Dissertationen oft nur geringfügig über der eines Lesebuchs für Analphabeten oder eines Singspiels für Taube liegt. Und ihre spätere Inanspruchnahme sogar weit darunter. Denn während ein Lesebuch für Analphabeten oder ein Singspiel für Taube wiederum Gegenstand von Dissertationen sein kann und somit von ganzen Generationen aufstrebender Nachwuchswissenschaftler eifrig genutzt werden wird, **findet eine Doktorarbeit durchschnittlich gerade einen Leser.** Dabei handelt es sich in aller Regel um die Großmutter des Verfassers, die stolz darauf ist, einen Enkel zu haben, der so klug ist, daß er dreihundert Seiten schreiben kann, von denen sie nicht eine Zeile versteht.

Die Freude am dauernden Neubeginn

Die Tatsache, daß die Dissertation vermutlich keinen echten Leser finden wird, hindert den betreuenden Professor in der Regel nicht daran, ihre Anfertigung durch ständige Änderungsvorschläge in die Länge zu ziehen wie ein ausgeleiertes Gummiband. Dahinter steht die Überlegung: **Wenn die Arbeit schon für den Papierkorb geschrieben wird, soll ihre Qualität wenigstens dementsprechend sein.**

Daher bemühen sich die Professoren darum, ihre Vorschläge vollkommen spontan und ohne die geringste Sachkenntnis zu formulieren. Meist fällt ihnen das nicht besonders schwer, da sie sich nicht die Bohne für das Tun des Doktoranden interessieren und oft nicht einmal das Thema der Dissertation kennen, über deren Anfertigung sie ihn beraten. Als letzte Absicherung gegen die als apokalyptisch empfundene Möglichkeit einer Welt voller glücklicher Doktoranden veröffentlichen die wichtigsten Professorenzeitschriften zudem regelmäßig Tips für die Dissertationsbetreuung, die sich an unerfahrene

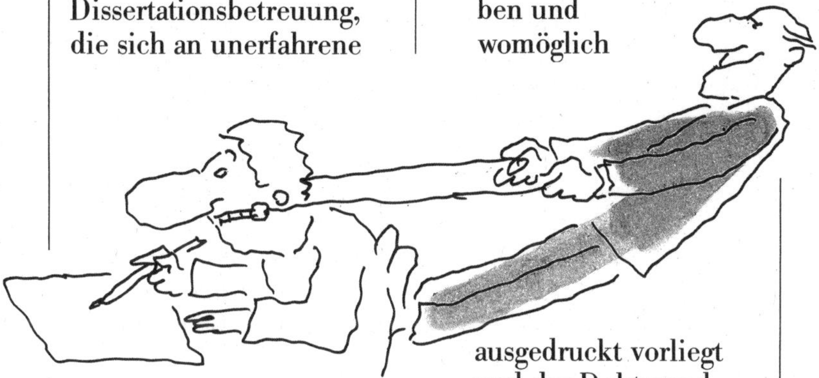

Berufskollegen wenden, die noch zu menschlicher Anteilnahme und anderem Fehlverhalten neigen. Erst unlängst publizierte die als seriös bekannte Zeitschrift *„Der Studentenjäger – Der Professor als Waidmann und Fallensteller“* unter der beliebten Rubrik *„Stählen durch Quälen“* folgende *„Fünf Goldene Regeln der Dissertationsbetreuung“:*

„1. Änderungswünsche sind stets erst dann anzumelden, wenn die ursprünglich für gut befundene Konzeption ausgeführt wurde, das Kapitel also geschrieben und womöglich ausgedruckt vorliegt und der Doktorand genügend Zeit gehabt hat, den Abschluß des Kapitels mit Freunden zu feiern.
2. Änderungswünsche sollten nach Möglichkeit nur solche Kapitel betreffen, auf deren Inhalt und Wortlaut sämtliche weiteren bereits abgeschlossenen Kapitel aufbauen.

3. Jeder Änderungswunsch ist so zu formulieren, daß er praktisch undurchführbar ist. Sollte er sich wider Erwarten doch realisieren lassen, so ist der Doktorand nach Vollzug der Änderung darauf hinzuweisen, daß es sich bei dem Vorschlag um ein Versehen handelte und eigentlich das genaue Gegenteil gemeint war.
4. Bei alledem ist zu beachten, daß Änderungswünsche stets so gestaltet sein müssen, daß sie im Bedarfsfall durch eine beliebige Anzahl völlig anders gearteter Änderungswünsche ergänzt werden können.
5. Änderungswünsche, die nicht mindestens zwei gescheiterte Selbstmordversuche des Doktoranden nach sich ziehen, sind als dilettantisch zu verurteilen und im Wiederholungsfall mit schweren Sanktionen bis hin zu einem zeitweiligen Berufsverbot zu ahnden. Änderungswünsche, die einen erfolgreichen Selbstmordversuch nach sich ziehen, ebenfalls, da sie gegen Regel 4 verstoßen."

Die Freude an der Armut

Zum unentbehrlichen Rüstzeug eines Doktoranden gehört außerdem, daß er materiellen Wohlstand in all seinen Ausprägungen, angefangen beim Auto und Farbfernseher, bis hin zur regelmäßigen Nahrungsaufnahme und zur warmen Kleidung im Winter, entschieden ablehnt. Zwar soll nicht bestritten werden, daß es unter der großen Schar der Doktoranden immer auch einige wenige gibt, die weder frieren noch hungern. Dabei handelt es es sich jedoch um vom Schicksal Auserkorene, die wie einst die Könige im Zeitalter des Absolutismus in pompösem Prunk inmitten eines darbenden Volkes leben. **Konkret:** um Angehörige jener ingenieurwissenschaftlichen und technischen Fachrichtungen, bei denen selbst die Erstsemester von den verzweifelt nach Absolventen suchenden Firmen schon ordentliche Gehälter beziehen und wahlweise eine Sekretärin *oder* einen Dienstwagen oder eine Sekretärin *und* einen Dienstwagen zur Verfügung gestellt bekommen. Oder um Doktoranden, die nebenher im ältesten Gewerbe der Welt tätig sind, d.h. als Sohn oder Tochter arbeiten und dabei Monatsgehälter von bis zu 100 000 DM beziehen.

Alle übrigen Doktoranden sind, da ihre spärlichen Einnahmen ihre Ausgaben nur unwesentlich übersteigen, so arm, daß sie nachts oft nicht einmal Sand haben, um darauf zu liegen.

Beispiele für Bewerbungsschreiben

Wer keine der aufgezeigten Möglichkeiten ergreift, den Aufenthalt an der Uni zu verlängern hat in der Regel keine andere Wahl, als sich in die nächste Gosse zu legen oder bei verschiedenen Arbeitgebern Bewerbungen einzureichen und um baldestmögliche Einstellung als Lohnsklave zu bitten. **All jenen, die sich für die zweite Alternative entscheiden, seien zum Schluß noch einige Muster für Bewerbungsschreiben mit auf den Weg gegeben, die ihnen dabei helfen können, sich nachdrücklich aus der Masse der Mitbewerber herauszuheben:**

*

Ich bewerbe mich speziell bei Ihrer Stadtverwaltung, weil ich schon während meines Studiums eine ruhige Kugel geschoben habe. Sie müssen nämlich wissen, daß ich furchtbar schnell außer Puste komme, wenn ich zügig arbeiten soll. Hinzu kommt, daß mein Kopf intensives Nachdenken einfach nicht verträgt. Aus diesen Gründen glaube ich, daß ich mich bestens in Ihre Belegschaft einfügen werde und die Abteilung „Effizienz und Rationalisierung" zu Ihrer vollsten Zufriedenheit leiten werde.

*

Ich bewerbe mich speziell bei Ihrem Verein, weil ich gelesen habe, daß bei Ihnen selbst die Ersatzspieler eine halbe Million pro Jahr verdienen. Ich kann zwar nicht besonders gut Fußball spielen, aber als Mann für die Ersatzbank bin ich gut geeignet. Denn ich habe einen außergewöhnlich dicken Hintern, der mir das Sitzen sehr leicht macht. Schon in der Schule galt ich als der zuverlässigste Sitzenbleiber von allen.

*

Ich bewerbe mich speziell beim Bundesnachrichtendienst, weil mich Geheimnisse schon immer interessiert haben. Ich bin zwar eine schlimme Plaudertasche, aber ich versichere Ihnen, mich zu bemühen, diesmal weniger als sonst weiterzuerzählen. Und außerdem: Mit wem sollte ich als Leiter des Dokumentenarchivs auch schon groß ins Gespräch kommen? Kann man sich mit Papier etwa unterhalten, haha? Anbei finden Sie übrigens ein Empfehlungsschreiben des KGB, der meine Einstellung sehr befürwortet.

*

Ich bewerbe mich speziell um einen Posten im Vorstand Ihres Konzerns, weil ich den Eindruck habe, daß dort lauter Idioten sitzen. So habe ich mir kürzlich – Tante Mechthild war dabei, sie kann es bezeugen – eine von Ihrem Unternehmen hergestellte Thunfischkonserve gekauft, bei der der Öffnungshebel abbrach, bevor die Dose offen war. Ich finde, so etwas ist ein Skandal. Wenn Sie mich zur Vertragsunterzeichnung einladen, werde ich die Dose mitbringen! Und das eine sage ich Ihnen: Wenn Sie mir dafür keine neue geben, kommen wir in hundert Jahren nicht ins Geschäft! Verlassen Sie sich drauf.

*

Ich bewerbe mich speziell bei Ihnen, Herr Ministerpräsident, weil ich glaube, daß Sie dringend jemanden brauchen, der Ihnen sagt, wo es lang geht. Der Meinung bin ich zwar schon lange, aber erst seit ich Sie neulich gemeinsam mit Ihrer Gattin im Fernsehen gesehen habe, weiß ich, daß Sie meine Ratschläge auch wirklich verdienen. Jemand, der eine so unansehnliche Wachtel heiratet, kann kein schlechter Mensch sein!

Daher fordere ich Sie auf, mich zum baldestmöglichen Termin als Ihren Stellvertreter einzustellen. Zur Bedingung mache ich allerdings, daß ich jeden Tag pünktlich um 16.00 Uhr Feierabend habe, damit ich noch etwas vom Kinderprogramm des Fernsehens mitbekomme, und daß Sie diese komischen Typen von der anderen Partei, die in Ihrer Regierung herumlungern, endlich vor die Tür setzen.

In der selben Ausstattung sind bisher erschienen:

Jeder Band hat ca. 160 Seiten und zahlreiche Illustrationen

G. Seidel / K. Puth
Das Offizielle Endgültige Handbuch für den Computer Freak
ISBN 3-8231-0804-2

B.Pröttel / J. Drinnenberg
Wie frau einen Mann bekommt, behält und überlebt
ISBN 3-8231-0816-6

G. Stein / W. Willnat
Der Ehemann auf dem Weg zum Menschen
ISBN 3-8231-0824-7

N. Bavarius / N. Ebert
Das Offizielle Endgültige Handbuch für den Golfspieler
ISBN 3-8231-0805-0

TOMUS BÜCHER MACHEN SPASS